Dr. Alexander Prölß

Traumapädagogik in der Schule

Ratgeber zum Umgang mit traumatisierten Kindern und Jugendlichen

Verlag an der Ruhr

Impressum

Titel
Traumapädagogik in der Schule
Ratgeber zum Umgang mit traumatisierten Kindern und Jugendlichen

Autor
Dr. Alexander Prölß

Umschlagmotiv/Motive im Innenteil
Umschlagfoto: © Ground Picture;
Piktogramme: Zielscheibe, Buch, Karte, Glühbirne © Panuwach; Download-Wolke © flower travelin man – alles Shutterstock.com

Lektorat
Dr. Andrea Geffers

Druck
Heenemann GmbH & Co. KG, Berlin, DE

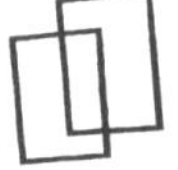

Verlag an der Ruhr
Mülheim an der Ruhr
www.verlagruhr.de

Geeignet für die Klassen 1–13

ISBN 978-3-8346-6720-5

PEFC zertifiziert
Dieses Produkt stammt aus nachhaltig bewirtschafteten Wäldern und kontrollierten Quellen.

www.pefc.de

Inhaltsverzeichnis

Inhaltsverzeichnis

Vorwort

Andrij[1], neun Jahre alt, ist zusammen mit seinem kleinen Bruder und seiner Mutter aus der Ukraine nach Deutschland gekommen. Wo sein Vater ist, weiß Andrij nicht. Er weiß nur, dass er als Soldat sein Land verteidigt. Kontakt besteht keiner. Andrij besucht aktuell eine 2. Klasse, weil er aufgrund von Sprachdefiziten eine Jahrgangsstufe zurückgestuft wurde. Es fällt ihm sehr schwer, sich im Unterricht zu äußern. Häufig wirkt er abwesend, verträumt und ist nur schwer erreichbar für Anweisungen der Lehrkraft bzw. Kontaktaufnahmen seitens der Mitschüler*innen[2]. Wenn er nicht teilnahmslos auf seinem Stuhl sitzt, läuft er durchs Klassenzimmer und stört mit Absicht andere Kinder, indem er sie schubst, schlägt oder ungefragt nach ihren Sachen greift. Als besonders auffällig erlebt die Lehrkraft Andrijs Gefühlslage. Auf der einen Seite wirkt er apathisch, traurig, depressiv, auf der anderen Seite zeigt er sich aggressiv und oppositionell. Zudem weist er bei lauten Geräuschen, beispielsweise beim Zuschlagen einer Tür, sehr auffälliges Verhalten auf, indem er sich z. B. in einer Ecke verkriecht.

Man muss kein*e Therapeut*in sein, um zu erkennen, dass Andrij sehr viele schreckliche Erfahrungen gemacht haben muss, die er noch nicht verarbeitet hat und die sein kindliches Erleben und Verhalten stark prägen. Noch immer leiden unzählige Kinder und Jugendliche auf der ganzen Welt unter Kriegen, Terrorismus, Folter, Flucht und Vertreibung. Aufgrund der hohen Anzahl von **Geflüchteten**, die in Deutschland Schutz suchen, gewinnt diese Problematik für Lehrkräfte immer mehr an Bedeutung. Darüber hinaus sieht sich das System Schule immer mehr mit Fällen der **Kindeswohlgefährdung** (z. B. Vernachlässigung, sexualisierte Gewalt und körperlicher Missbrauch) konfrontiert. Im Jahr 2022 sind diese beispielsweise um 4 % im Vergleich zum Vorjahr angestiegen auf ca. 62.000 Fälle. Dabei waren etwa vier von fünf betroffenen Kindern jünger als 14 Jahre (vgl. Statistisches Bundesamt, 2023).

---

1 Die Namen in Beispielen wurden aus Datenschutzgründen geändert. Ebenso wurden Fallbeschreibungen so abstrahiert, dass sich keine Rückschlüsse auf konkrete Vorkommnisse oder Personen ziehen lassen.

2 Der Verlag an der Ruhr legt großen Wert auf eine geschlechtergerechte und inklusive Sprache. Daher nutzen wir neutrale Formulierungen oder das Gendersternchen, um alle Menschen unabhängig von Geschlecht oder Geschlechtsidentität einzuschließen. In Texten für Schüler*innen finden sich aus didaktischen Gründen neutrale Begriffe bzw. Doppelformen.

Wenn das Unbegreifliche eintritt, wird das Leben betroffener Kinder und Jugendlicher nachhaltig verändert. Die Weltgesundheitsorganisation WHO schätzt, dass Vernachlässigung, Misshandlung, Missbrauch und andere traumatische Lebensereignisse mit mehr als 30 % zur Entstehung aller **psychischen Erkrankungen im Erwachsenenalter** beitragen. Diese psychischen und somatischen Folgeerkrankungen und gesellschaftlichen Teilhabebeeinträchtigungen führen – abgesehen vom persönlichen Leiden der Betroffenen – zu immensen gesellschaftlichen Folgekosten, sowohl im medizinischen, sozialen als auch im juristischen Bereich. Dabei ist relevant, dass die Zahl der traumatischen Erlebnisse die Wahrscheinlichkeit für die Entwicklung von fast allen psychischen Erkrankungen massiv erhöht (vgl. Kessler et al., 2010).

Positiv hervorzuheben ist, dass es viele Kinder und Jugendliche schaffen, kritische Lebensereignisse aus eigener Kraft zu bewältigen; aber dennoch entwickelt eine beträchtliche Anzahl von ihnen krankheitsbedingte Auffälligkeiten bis hin zu schweren psychischen Störungen. Die **Symptome** können mannigfach sein. Viele Betroffene klagen darüber, dass sie die Erlebnisse nicht mehr aus ihrem Kopf bekommen und das Geschehene immer und immer wieder durchleben müssen, was sich am Tag durch Flashbacks und in der Nacht durch Albträume zeigt. Auch die vormals erlebten Gefühle, wie Hilflosigkeit, Angst oder Scham, können dabei auftreten. Häufig sind diese Gefühle mit einem massiven Schuldgefühl gepaart, etwas falsch gemacht zu haben oder gar selbst schuld am traumatischen Ereignis gewesen zu sein. Auch Auffälligkeiten im Sozial- und Lernverhalten, z. B. aggressives und oppositionelles Verhalten, Unachtsamkeit, Motivationsverlust, sind bei Schüler*innen keine Seltenheit.

Da es Lehrkräften und dem übrigen pädagogischen Personal einer Schule äußerst schwerfallen dürfte, nur anhand von Symptomen auf eine Traumatisierung zu schließen, soll dieser Ratgeber ihnen dabei helfen, gezeigte **Verhaltensweisen** ihrer Schüler richtig **einzuschätzen** und zu deuten, damit sie im Falle einer vermuteten Traumatisierung schnell und zielführend **Hilfssysteme aktivieren** können, aber zugleich nicht überreagieren.

Das vorliegende Buch soll Lehrkräften, Schulsozialarbeiter*innen, Sonderpädagog*innen und allen weiteren pädagogischen Fachkräften im Kontext Schule einen **Einblick in die Arbeit psychologisch geschulter Fachkräfte** mit traumatisierten Kindern bieten (Informationsteil über Krankheitsbild, Ursachen, Formen, Diagnosestellung), eine **positive Haltung** zum Kind fördern und zudem einen leicht verständlichen, aber trotzdem wissenschaftlich fundierten Ansatz zum **Umgang mit betroffenen Kindern und Jugendlichen** vermitteln (Praxisteil). Ferner soll das Buch Lehrkräfte ermutigen, sich bei Bedarf an traumapädagogisch orientierte Schulsozialarbeiter*innen, Schulpsycholog*innen, Kinder- und Jugendpsychiater*innen sowie Kinder- und Jugendpsychotherapeut*innen zu wenden.

Das Buch ist wie folgt aufgebaut: Zuerst werden die **Grundlagen** der Psychotraumatologie erläutert: Was ist eigentlich ein Trauma? Welche Formen gibt es? Wie entsteht ein Trauma? Gibt es Risiko-, aber auch Resilienzfaktoren? Führen alle traumatischen Erlebnisse automatisch zu einer psychischen Störung? Anschließend wird auf das **Erscheinungsbild** von psychiatrischen Erkrankungen, z. B. auf die Posttraumatische Belastungsstörung (PTBS), eingegangen, die gehäuft bei Kindern und Jugendlichen auftreten kann. Nach einem kurzen Überblick, welche schulinternen und schulexternen **Hilfssysteme** bei Verdacht auf eine Traumatisierung aktiviert werden können, werden auch die psychologischen und pädagogischen **diagnostischen Möglichkeiten** skizziert. Anschließend widmen sich die restlichen Abschnitte der **Traumapädagogik**. Neben dem Aufzeigen einer Methode für den Erstkontakt mit Betroffenen wird zudem ein **Handlungskonzept** für Lehrkräfte vorgestellt, das sich an den psychischen Grundbedürfnissen von Grawe (2004, ab S. 183) und der Bedürfnisorientierten Therapie (vgl. Prölß, 2021) orientiert.

Sie finden im Buch folgende Piktogramme:

 Auf den Punkt

 Praktische Übung: Reflexion/Spiel

 Download

 Exkurs

 Achtung/Tipp

Download

Alle Kopiervorlagen in diesem Buch können Sie auch im DIN-A4-Format zum Ausdrucken in 1:1-Größe gratis herunterladen.

Ihr persönlicher Zugang:
Die im Download enthaltenen Dateien können Sie unter folgendem Link oder über das Einscannen des QR-Codes[3] herunterladen:

Link: https://cloud.verlagruhr.de/login-lerninhalt/SDJvzruSMdYo

Passwort: Traumapäd-2024

Sollten der Link und der QR-Code ihre Gültigkeit verlieren, wenden Sie sich bitte an:
digitaleslernen@verlagruhr.de

[3] QR Code is registered trademark of DENSO WAVE INCORPORATED.

1. Einführung in die Psychotraumatologie

1. Einführung in die Psychotraumatologie

1.1 Was versteht man unter einer Traumatisierung?

Das Wort **„Trauma"** hat sich mittlerweile von einem rein fachsprachlichen Terminus der Medizin zu einem inflationär verwendeten Begriff der Alltagssprache entwickelt. So werden Kriegsereignisse, Fluchterfahrungen und Missbrauchsfälle, aber auch gesellschaftspolitische Entwicklungen, schlechte Wahlergebnisse einer Partei und sogar verlorene Fußballspiele als traumatisch bezeichnet. Das Problem besteht nun darin, dass mit dieser weiten Verbreitung die nötige Trennschärfe verloren geht.

Das Wort „Trauma" stammt vom **altgriechischen Wort τραῦμα** (trauma) ab und bedeutet „Wunde". Der Begriff wurde zuerst in der Medizin für schwere körperliche Erkrankungen verwendet, wie das Schädel-Hirn-Trauma. Später wurde der Begriff auf mentale und seelische Verletzungen übertragen. Fischer und Riedesser beschreiben ein **Trauma „als ein vitales Diskrepanzerlebnis zwischen bedrohlichen Situationsfaktoren und individuellen Bewältigungsmöglichkeiten, das mit Gefühlen von Hilflosigkeit und schutzloser Preisgabe einhergeht und so eine dauerhafte Erschütterung von Selbst- und Weltverständnis bewirkt."** (Fischer & Riedesser, 2023, S. 428) Wie man dieser Definition entnehmen kann, liegt immer dann ein Trauma vor, wenn eine angstauslösende, (lebens-)bedrohliche Situation vorliegt und die Betroffenen keine Möglichkeiten haben, diese Gefahr aus eigener Kraft abzuwenden. Diese Situation geht mit massiven Gefühlen der Angst, Hilflosigkeit und Ohnmacht einher.

Wichtig ist dabei, zu erwähnen, dass man für eine Traumatisierung nicht immer selbst direkt betroffen sein muss. **Sekundäre Traumatisierungen** können bereits entstehen, wenn man Zeuge einer schweren Straftat, eines Unglücks mit Todesfolge o. Ä. wurde. Auch der Tod enger Angehöriger, wie der Eltern, Kinder oder auch des Hunds, können traumatisch sein. Ferner sind spezielle Berufsgruppen öfter von Traumatisierungen betroffen als andere, da sie immer wieder mit Leid, Gräueltaten oder dem Tod konfrontiert werden, z. B. Feuerwehrleute oder Polizist*innen.

Auf den Punkt: Jede Person kann direkt oder indirekt durch fürchterliche, lebensbedrohliche Ereignisse eine primäre oder sekundäre Traumatisierung erleiden.

1.2 Wie wirkt Stress?

Um die Entstehung eines Traumas besser verstehen zu können, muss man sich zuerst den **Wirkmechanismus von Stress** genauer ansehen. **Generell kann Stress als eine unspezifische Alarmreaktion des Organismus bezeichnet werden, die bei bedrohlichen oder angstauslösenden Anforderungen aktiviert wird, um das höchste Maß an Leistungs- und Reaktionsfähigkeit für diese Situation zu gewährleisten.** Dabei wird im Allgemeinen das Stresserleben in zwei Arten unterschieden:

- **Eustress (Positiver Stress):** Als Eustress wird ein angenehmer Stress bezeichnet, der motivierende Kräfte und Energien bei den Betroffenen freisetzen und somit die Leistungs- und Konzentrationsfähigkeit steigern kann. Schwierige Situationen werden in diesem Zusammenhang als Herausforderung, die es zu bewältigen gilt, und nicht als Bedrohung wahrgenommen (z. B. Organisation des Sommerfests).
- **Disstress (Negativer Stress):** Der Disstress wird als negativ, bedrohlich und überfordernd erlebt. Er wird häufig von Situationen ausgelöst, die erschöpfend wirken und als nicht bewältigbar angesehen werden. Personen, die häufig negativen Stress erleben, fühlen sich wie gelähmt und handlungsunfähig und können sogar chronische Erkrankungen entwickeln.

Selbstreflexion: Die eigene Erfahrung mit Stress

- Halten Sie doch kurz inne und überlegen Sie einmal, ob Sie heute schon Stress hatten.
- Erinnern Sie sich an Ihren Tag und machen sich eine Liste. Schreiben Sie sich alle positiven und negativen Stressoren auf.

Stress sorgt dafür, dass der Körper in Alarmbereitschaft versetzt wird, was sich an einer Erhöhung der Herz- und Atemfrequenz, Pupillenerweiterung, besseren Durchblutung der Muskulatur usw. erkennen lässt. Diese Alarmbereitschaft dient dazu, dass das Individuum den bedrohlichen Zustand, z. B. eine Prüfung, erfolgreich meistern oder die Gefahrensituation abwenden kann, etwa durch Weglaufen. **Die physischen Veränderungen bilden die Vorstufe zu den zwei möglichen Reaktionen des Körpers auf eine Bedrohung: Flucht (flight) oder Kampf (fight)** (siehe Abb. 1).

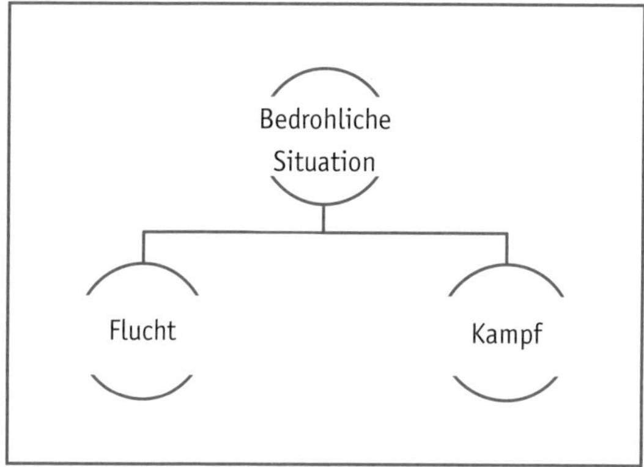

Abb. 1: Die zwei Reaktionsformen bei bedrohlichen Situationen

Die zwei Bewältigungsmechanismen zeigt der Homo sapiens seit seiner Existenz. Personen können aus einer Situation flüchten (z. B. vor einem wilden Tier) oder in den Kampfmodus übergehen, um die Situation zu den eigenen Gunsten zu verändern (z. B. den Kampf mit einem Gegner aufnehmen).

1.3 Was geschieht im Gehirn bei akutem Stress?

Die Abläufe im Gehirn funktionieren nach gewissen Mustern. Diese sind bei allen Menschen in Stresssituationen identisch und beruhen auf der menschlichen Gehirnstruktur. Was konkret neurobiologisch im Gehirn bei einer Bedrohungslage abläuft, soll an dem dreigliedrigen Gehirnmodell nach Levine und Kline (2005, S. 120) erläutert werden. Das menschliche Gehirn besteht grob aus drei Teilen (siehe Abb. 2): dem Stammhirn (1), dem Zwischenhirn (2) und dem Großhirn (3)

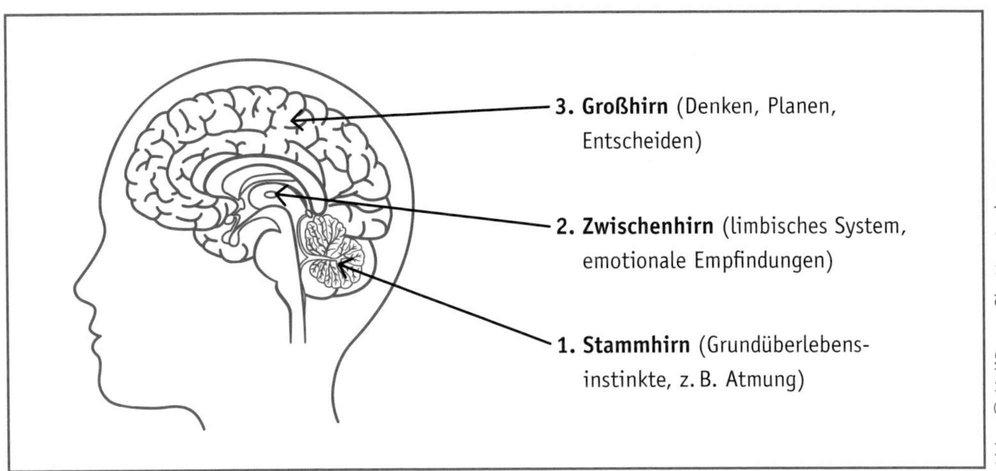

Abb. 2: Der Aufbau des Gehirns

Das **Großhirn** wirkt von außen wie eine übergroße Walnuss. Dort laufen alle bewussten Prozesse ab. Man könnte auch sagen, dass hier die klassischen kognitiven Fähigkeiten, wie das logische Denken, die Fähigkeit, Entscheidungen zu treffen, der Orientierungssinn sowie die Kreativität, verortet sind. Zudem werden in der **Hirnrinde**, der äußeren Schicht des Großhirns, alle Informationen gespeichert, was allgemein als Gedächtnis bezeichnet wird. Das Großhirn fährt seine Funktionen bei bedrohlichen Situationen fast vollständig herunter, da die Energie in anderen Bereichen benötigt wird. Ein Beispiel: Wenn eine Person durch ein hungriges Raubtier bedroht wird und das Überleben auf dem Spiel steht, wird diese Person in der Regel nicht anfangen, über zehn verschiedene Reaktionsmöglichkeiten nachzudenken, weil das die Überlebenschancen doch sehr verringern würde.

Das **Zwischenhirn** bildet das Tor zu den Emotionen und dem Bewusstsein. Ein bekannter Bereich ist die Amygdala. Sie ist das Zentrum für Ängste und entscheidet in einer bedrohlichen Situation darüber, ob diese als gefährlich einzustufen ist. Zudem verarbeitet das Zwischenhirn alle auf den Menschen einwirkenden Sinneseindrücke und steuert das Hunger- und Durstgefühl sowie den Schlaf-Wach-Rhythmus. Bei Gefahr werden auch hier verschiedene Funktionen heruntergefahren.

Das **Stammhirn**, das häufig salopp als „Eidechsengehirn" bezeichnet wird, ist entwicklungsgeschichtlich der älteste Teil des Gehirns. Es beheimatet die überlebenswichtigen Funktionen, wie Atmung, Blutdruck und Reflexe. Hier werden auch die klassischen Flucht- und Kampfreaktionen koordiniert und ausgelöst. Dabei sorgt das

Stammhirn dafür, dass genügend Energie für diese beiden Handlungsoptionen zur Verfügung steht, was zur Folge hat, dass andere Bereiche heruntergefahren werden (z. B. Hungergefühl, Schlafbedürfnis). Diese Aktivierung erfolgt über die Hormone Adrenalin und Noradrenalin, die über die Blutbahn in den Körper gepumpt werden.

Auf den Punkt: Im Fall einer lebensbedrohlichen Situation werden beim Menschen in der Regel der vernunftgesteuerte sowie der emotionale Bereich des Gehirns deaktiviert, um genügend Energie für die Flucht oder den Kampf zu mobilisieren.

1.4 Wie entsteht ein Trauma?

Der Mensch ist, wenn er einer bedrohlichen Situation ausgesetzt ist, darauf programmiert, mit einer von zwei Strategien, Flucht oder Kampf, zu reagieren. Zu einer Traumatisierung kann es nun kommen, wenn in einer bedrohlichen Situation weder Kampf noch Flucht möglich sind, da ja die extrem hohe emotionale Erregung bestehen bleibt und die starken körperlichen Stressreaktionen sogar zunehmen. Die Psyche des Menschen muss somit einen **eigenen Weg** finden, wie sie mit dieser Situation mit all ihren Begleiterscheinungen (z. B. Gefühlen der Angst, Hilflosigkeit, Scham) umgeht. **Als zentraler Aspekt einer Traumatisierung gelten folglich der Kontrollverlust und das Gefühl des Ausgeliefertseins.**

Der Mensch hat sich im Laufe seiner Entwicklung einen Bewältigungsmechanismus für traumatische Erlebnisse angeeignet. Durch die extreme Belastungssituation werden im Körper verschiedene neurophysiologische Prozesse angestoßen, wie die Ausschüttung körpereigener Endorphine. Diese neurologischen Veränderungen sorgen dafür, dass die Wahrnehmung der Außenwelt sowie die des eigenen Körpers stark reduziert wird. Dieser Vorgang hilft, Schmerzen und die belastenden Emotionen zu ertragen und eine detaillierte kognitive Wahrnehmung und Verarbeitung der belastenden Situation zu verhindern. Dieser sogenannte **Zustand des Erstarrens (freeze)** ist eine dissoziative Reaktion und ein effektiver Schutzmechanismus, mit lebensbedrohlichen Situationen umzugehen, um das Überleben der eigenen Spezies zu sichern (siehe Abb. 3).

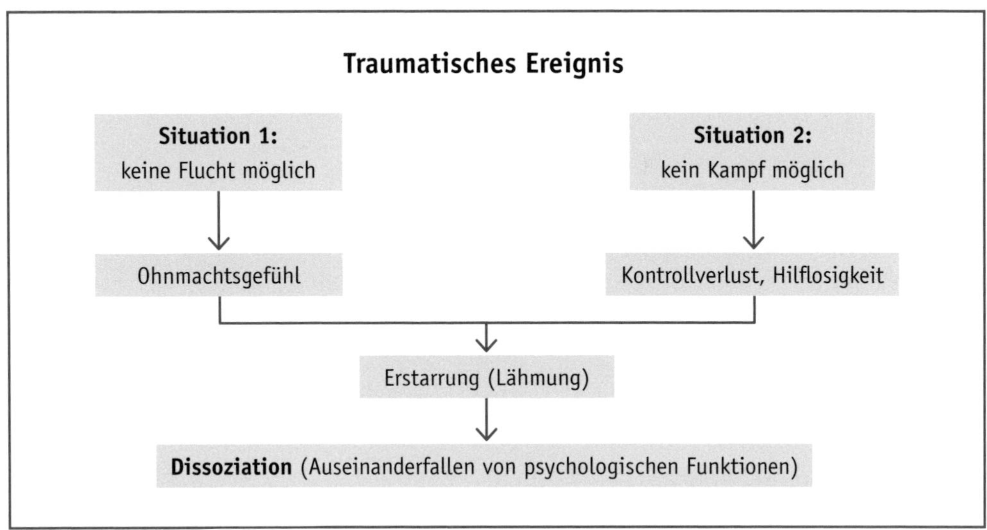

Abb. 3: Die Entstehung eines Traumas

Unter einer **Dissoziation** versteht man in der Psychologie das ungeordnete Auseinanderfallen von psychologischen Funktionen, wie der Wahrnehmung, des Gedächtnisses und des Bewusstseins. Dabei kann der*die Betroffene nicht vollständig wahrnehmen und verarbeiten, was an Informationen von außen auf ihn*sie einwirkt. Wenn jemand beispielsweise körperlich missbraucht wird, kann es vorkommen, dass sich das Opfer aufgrund dissoziativer Prozesse im Nachhinein nicht mehr an den*die Täter*in bzw. an die Situation selbst erinnern kann, obwohl es die Person gesehen, also wahrgenommen hat. Die Wahrnehmung wurde also nicht in das Gedächtnis integriert. In einem solchen Fall spricht man von einer dissoziativen Amnesie. Andere Betroffene berichten außerdem, dass sie sich selbst in einer traumatischen Situation von außen gesehen haben, dass sich also der Geist vom Körper abgekapselt hat **(Depersonalisation)**. Das Ausmaß der Dissoziation während eines traumatischen Erlebnisses stellt neben der Intensität sowie der Dauer des Ereignisses einen wichtigen Indikator dar, inwieweit jemand nach einem traumatischen Lebensereignis eine Posttraumatische Belastungsreaktion entwickelt. Ergänzend sei erwähnt, dass die Reaktionsform der Dissoziation vor allem beim Erleiden von Gewalt am eigenen Körper (z. B. sexueller Missbrauch) auftritt.

Exkurs: Was passiert im Gehirn bei einer Traumatisierung?

Was konkret im Gehirn bei einer Traumatisierung geschieht, ist noch nicht endgültig geklärt, aber man weiß, dass gewisse Zentren aktiver sind als andere. Diese Zentren werden als Furchtnetzwerk bezeichnet (vgl. z. B. Goedecke, 2019). Ist man Opfer eines räuberischen Überfalls, wird im Gehirn die Amygdala aktiviert und es werden beispielsweise folgende Aspekte abgespeichert: Überfall, Mann, Nacht, Dunkelheit, Angst, Todesgefahr, Blaulicht und Krankenhaus. Das Großhirn, das normalerweise Informationen bündelt und in einen sinnvollen Kontext integriert, beispielsweise „Überfall, am 20.10.2022 in einer abgelegenen Straße", arbeitet bei hoch emotionalen Ereignissen nicht, daher werden diese Informationen nicht sinnvoll verarbeitet und abgespeichert. Die dysfunktionale Verarbeitung hat zur Folge, dass Betroffene durch Trigger, beispielsweise Dunkelheit, sofort wieder in die damalige Situation versetzt werden. Die logische Erklärung unter Einbindung des Großhirns – „das war damals und jetzt ist heute" – fehlt. Bei einer Traumatherapie wird u. a. genau an diesem Aspekt, der „sinnvollen" Einordnung der Geschehnisse, gearbeitet.

1.5 Klassifikation nach dem Charakter des Traumas

Traumata können nach verschiedenen Gesichtspunkten klassifiziert und unterteilt werden. So kann man eine Traumaklassifikation nach Situationsfaktoren vornehmen (vgl. Imm-Bazlen & Schmieg, 2017, S. 38).

a) Man-made-Traumata/Personale Traumata: Ereignisse, die von Menschen verursacht werden, z. B. sexueller Missbrauch oder emotionale Vernachlässigung

b) Akzidentelle Traumata/Apersonale Traumata: Ereignisse, die nicht durch Menschen herbeigeführt werden, z. B. Naturkatastrophen und Unfälle

c) Kollektive Traumata: Ereignisse, die von mehreren Menschen zusammen erlebt werden, z. B. Krieg

Ferner kann man traumatische Ereignisse nach ihrer Intensität und ihrem Schweregrad untergliedern. Diese Einteilung hat sich in der Psychotraumatologie durchgesetzt (vgl. Terr, 1991):

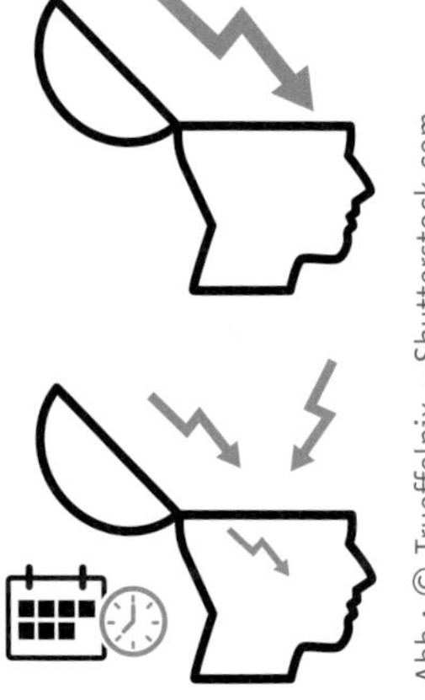

Abb.: © Trueffelpix – Shutterstock.com

- **Typ-I-Trauma:** Darunter fallen singuläre, kurz andauernde traumatische Ereignisse (z. B. Verkehrsunfälle, viele Naturkatastrophen, technische Katastrophen, Betroffenheit von kriminellen Gewalttaten); sie sind zudem häufig von Plötzlichkeit und Überraschung gekennzeichnet.
- **Typ-II-Trauma:** Das sind sogenannte Extrem- oder auch Komplextraumata, die durch lang anhaltende und wiederholte traumatische Ereignisse (z. B. intra- oder extrafamiliäre Gewalt in Form von wiederholten körperlichen oder sexuellen Misshandlungen, Geiselhaft, Folter, Kriegsgefangenschaft) gekennzeichnet sind. Neben der Schwere des Ereignisses kommt hier in der Regel noch eine Kumulation weiterer traumatischer Ereignisse hinzu, die durch geringe Vorhersagbarkeit der weiteren traumatischen Belastungen gekennzeichnet ist.

1.6 Das Trauma aus psychoanalytischer Sicht

Die Entstehung eines Traumas ist ein sehr komplexes Gefüge, das sich aus verschiedenen Faktoren und Bedingungen zusammensetzt. Je nach psychologischer Schule gibt es verschiedene Ansätze, um die Entstehung eines Traumas psychologisch zu erklären. Eine der ersten Erklärungsversuche wurde durch die Psychoanalyse von Sigmund Freud unternommen. Auch wenn heutzutage die Psychoanalyse teilweise umstritten ist, sind viele Denkansätze bis heute ein wichtiger Bestandteil in der Psychotraumatologie sowie in der Therapie traumatisierter Menschen. In Bezug auf die therapeutische Arbeit haben sich aus der Psychoanalyse die analytische sowie die tiefenpsychologische fundierte Psychotherapie entwickelt (Details siehe Kapitel 5.1), deren Wirksamkeit empirisch in mehreren Studien belegt wurde (vgl. Buchheim, Kernberg, Netzer et al., 2023; Ermann, 2005; Leichsenring & Rabung, 2009; Winkelmann, Hartmann, Neumann et al., 2000).

Bei der psychoanalytischen Perspektive sind drei Aspekte zentral (vgl. Bohleber, 2011)

1. Die psychoanalytische Arbeit basiert vor allem auf der Ergründung des Unbewussten. Das **Unbewusste** ist eine Bezeichnung für den Teil der Psyche, dessen Inhalte dem Bewusstsein aktiv nicht zugänglich sind. Sie können nur mit bestimmten Methoden, wie der Traumdeutung oder projektiven Verfahren, zugänglich gemacht werden. Dysfunktionale und destruktive Gefühle und Erinnerungen können durch den Vorgang der Verdrängung ins Unbewusste verschoben werden, sodass erlebte Affekte, wie Scham, Schuld oder Angst, nicht mehr im Bewusstsein sind (vgl. Prölß, 2023). Das Vorhandensein und die Bedeutung unbewusster Prozesse konnten durch die recht junge Disziplin der Neurowissenschaften bestätigt werden (vgl. Haslinger & Janta, 2019; Northoff, 2006; Schüßler, 2002; Verbinnen, 2023).

2. In den meisten Personen ist der Glaube an das Gute im Menschen tief verwurzelt. Gerade von nahestehenden Bezugspersonen, wie beispielsweise von den eigenen Eltern, erwartet man keine abgrundtief bösen Handlungen. Kommt es nun doch zu Traumatisierungen durch die eigenen Eltern in frühen Lebensjahren, kann dies dazu führen, dass Kinder die Vorstellung verlieren, dass es gute, sie schützende oder zuverlässige Menschen in ihrem Umfeld gibt. Es ist also nur verständlich, wenn das **Urvertrauen** bei einer Traumatisierung zutiefst **erschüttert** wird. Die Herausbildung eines **sicheren Basisgefühls** oder **Urvertrauens** ist an die Anwesenheit einer liebevollen, verlässlichen und sorgenden Bezugsperson (in der Regel Mutter oder Vater) gebunden. Diese Zuwendung sorgt beim Kind für eine innere emotionale Sicherheit, die es später zu Vertrauen in seine Umgebung und zu Kontakten mit anderen Menschen überhaupt erst befähigt. Vernachlässigung oder Misshandlung in der frühen Kindheit können zu einer mangelhaften Ausbildung des Urvertrauens führen, was wiederum später zu Beziehungs- und Bindungsproblemen führen kann (vgl. Erikson, 1971, S. 62–64).

3. Den letzten Aspekt bildet der **überwältigende Charakter** des Geschehens. Traumatische Erfahrungen können häufig nicht in die eigene Persönlichkeitsstruktur integriert werden, wobei man hier differenzieren muss. Ein einzelner Verlust, z. B. der Tod der Großmutter, kann bei guten äußeren Bedingungen von vielen Kindern ohne nennenswerte Probleme verarbeitet und in die Persönlichkeit integriert werden. Wichtig dabei ist, dass dem Kind Bezugspersonen an der Seite stehen und es bei der Verarbeitung unterstützen. Das Kind könnte dann den Tod der Großmutter wie folgt verarbeiten: *„Ich bin jetzt sehr traurig, weil meine Oma nicht mehr da ist. Ich darf aber traurig sein und ich habe noch meine Eltern, die mir helfen."* Geschehnisse, die das gesamte Bezugssystem des Kindes betreffen (z. B. plötzlicher Tod der Eltern) oder über einen längeren Zeitraum gehen (z. B. körperlicher Missbrauch), können in der Regel nur sehr schwer allein ohne professionelle Hilfe verarbeitet werden, weil deren Charakter für ein Kind aufgrund der existenziellen Bedrohung zu überwältigend ist. Häufig kommt es bei Betroffenen zu ungünstigen Verarbeitungs- und Denkprozessen, wie dem Gefühl der Verzweiflung (*„Ich bin völlig allein. Ich bin nichts wert. Keiner ist für mich da."*) bis hin zu einer tiefen Leere (*„Ich spüre gar nichts mehr!"*)

Abb.: © M7Studio – Shutterstock.com

1.7 Ein psychodynamisches Traumagefüge

Nicht jedes bedrohliche Ereignis muss unbedingt traumatisch sein und führt gleich zu einer Traumafolgestörung, so der Fachbegriff für das klinische Erscheinungsbild mit Krankheitswert nach einem Trauma. Das Erlebnis wird erst zu einem Trauma, wenn es die seelische Architektur des*der Betroffenen so weit schädigt, dass diese nur noch mit professioneller Unterstützung überwunden werden kann. Psychodynamisch betrachtet, spielen neben der pathogenen Wirkung des Ereignisses selbst auch innere und äußere Verursachungs- und Wirkungsketten eine entscheidende Rolle bei der Entstehung einer Traumafolgestörung.

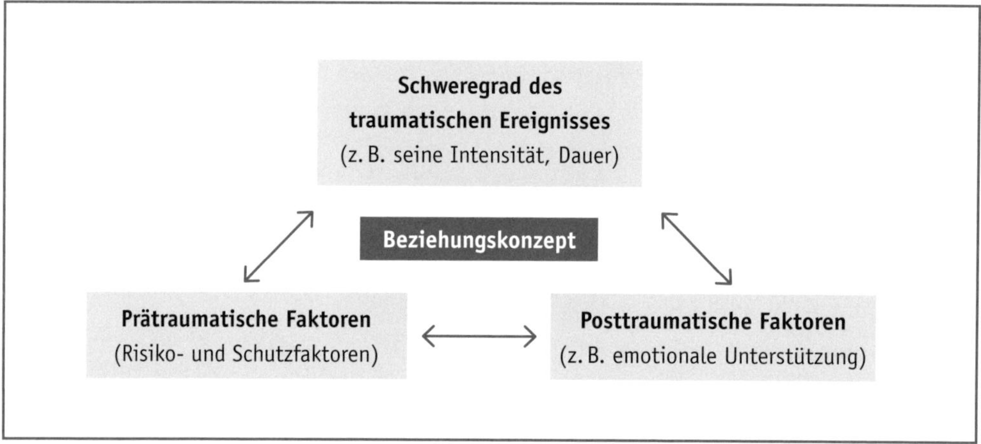

Abb. 4: Ein psychodynamisches Traumagefüge (eigene Darstellung)

Der Auslöser, das traumatische Ereignis, ist also nicht das Einzige, was man bei der Diagnose einer Traumafolgestörung betrachten kann. Hinzu kommen die prä- und posttraumatischen Faktoren, die positiv oder negativ zur Entstehung oder Verhinderung einer Traumafolgestörung beitragen können. Eine Psychologin oder ein Psychologe betrachtet im Gespräch mit einer betroffenen Person am besten alle drei Faktoren dieses „psychodynamischen Traumagefüges" (siehe Abb. 4), um den Schweregrad einer Traumatisierung zu ermitteln.

Zu den **prätraumatischen Faktoren** gehören die **Risikofaktoren (Vulnerabilitätsfaktoren)**, die mit einer höheren Verletzbarkeit der Seele einhergehen. In der Psychologie wird Vulnerabilität als Gegenteil zur Resilienz angesehen. Das bedeutet, dass Personen mit einer erhöhten Vulnerabilität leichter psychische Störungen entwickeln und auf kritische Lebensereignisse heftiger reagieren als resiliente Personen. Vulnerabilität kann genetisch bedingt sein, aber im Wesentlichen wird diese durch Erfahrungen in den ersten Lebensjahren erworben (z. B. Konfliktkultur der Eltern, familiäres Milieu). Allerdings ist es auch normal, dass Menschen in ihrem Leben hin und wieder Phasen mit einer erhöhten Vulnerabilität durchlaufen, z. B. die Pubertät.

Zu den **Risikofaktoren** gehören beispielsweise der **sozioökonomische Status**, **chronische Erkrankungen** der Eltern und **instabile soziale Bindungen**. Aber auch intrapersonelle Faktoren sind entscheidend, wie Alter und **Entwicklungsstand** der Betroffenen. So haben jüngere Kinder größere Schwierigkeiten, ein Trauma zu verarbeiten, da ihnen Erfahrungswerte beim Umgang mit kritischen Lebenssituationen fehlen und auch viele Bewältigungsstrategien noch nicht vorhanden sind. Bei **Frauen** besteht zudem eine höhere Gefahr, von einer Gewalttat betroffen zu sein (z. B. Vergewaltigung), als bei Männern (vgl. Fischer & Riedesser, 2023, 163–167; Garbe, 2016, S. 58–67).

Neben den Risikofaktoren gibt es aber auch **protektive Faktoren (Resilienzfaktoren)**, die sich bei schlimmen Ereignissen positiv auf deren Verarbeitung auswirken können. Resilienz beschreibt in der Psychologie die Fähigkeit, Krisen und Veränderungsprozesse durch Rückgriff auf persönliche und sozial vermittelte Ressourcen zu meistern und als Anlass für Weiterentwicklung und persönliches Wachstum zu nutzen. Dazu zählen ein sicheres Bindungsverhalten, eine **gute Beziehung zu einer Betreuungs- oder Vertrauensperson**, eine **optimistische Grundhaltung** (z. B. alles bewältigen zu können), **positives Selbstbild**, **hohe Selbstwirksamkeit**, generelles **lösungsorientiertes Handeln** und **Netzwerkorientierung**. Diese Faktoren schützen die bzw. helfen der Person, ein kritisches Ereignis besser verarbeiten und es in die Persönlichkeitsstruktur integrieren zu können. Man könnte sagen, dass sich diese Faktoren mildernd auf die Ausbildung späterer Störungen auswirken (vgl. Fischer & Riedesser, 2023, S. 163–165; Garbe, 2016, S. 51–58).

Das traumatische Ereignis bildet das zweite Element dieses Modells.
Ein Trauma kann nach verschiedenen Aspekten bewertet werden:

- nach seiner **Dauer** (einmalig vs. mehrmalig/lang anhaltend),
- nach der **Intensität** (Schwere des Ereignisses, z. B. Missbrauch durch eine enge Bezugsperson),
- nach der **Gewaltart** (physisch, psychisch, sexuell) sowie
- nach der Ausprägung einer möglichen **Dissoziation**.

Nach einem kritischen, bedrohlichen Erlebnis ist es ferner entscheidend, wie anschließend **auf dieses Ereignis reagiert** wird. Diese Phase ist ausschlaggebend, ob sich später schwere Krankheitsbilder ergeben. Es gibt mehrere **posttraumatische Faktoren**, die sich positiv auf die Linderung der Symptome auswirken können. Hier haben sich in Studien folgende Aspekte als besonders wirksam erwiesen (vgl. Schalinski & Schauer, 2023):

- **emotionale Unterstützung** (z. B. Vertrauensperson, der man seine Sorgen und Ängste anvertrauen kann und von der man im Gegenzug Akzeptanz, Empathie und Mitgefühl erfährt)
- **problemorientierte soziale Unterstützung** (z. B. der Erhalt von Informationen über Symptome, Unterstützungssysteme und auch Möglichkeiten der Problemlösung; den*die Betroffene*n in Aktion bringen)
- **soziale Anerkennung** (z. B. gesellschaftliche Anerkennung und Respekt gegenüber Betroffenen, falls diese sich äußern und Verbrechen o. Ä. öffentlich machen)

Die genannten Aspekte aus dem Bereich der posttraumatischen Faktoren findet man in verschiedenen Ansätzen des traumapädagogischen und psychotherapeutischen Arbeitens wieder (vgl. Garbe, 2016; Imm-Bazlen & Schmieg, 2017; Müller, 2021).

Auf den Punkt: Ein einzelnes existenzbedrohliches Ereignis muss nicht zwangsläufig bei jedem Menschen zu einer Traumafolgestörung führen, denn es hängt immer auch von weiteren Faktoren (Persönlichkeitsstruktur, Schutz- bzw. Risikofaktoren, Unterstützung) ab, ob sich nach dem Ereignis eine pathologische Störung entwickelt.

Das eben skizzierte psychodynamische Traumagefüge zeichnet sich dadurch aus, dass das traumatische Ereignis immer in einen **Beziehungskontext** einzubetten ist. Dieser Beziehungsrahmen ist besonders für Kinder und Jugendliche für die Verarbeitung dieses Ereignisses von Bedeutung (vgl. Winkelmann, 2019). Das gilt nicht nur für von Menschen verursachte bedrohliche Ereignisse, sondern auch bei Naturkatastrophen. Hier kommt es vor allem auf die Präsenz der Halt gebenden Umgebung an, besonders auf die Eltern und nächsten Bezugspersonen. Dies belegen bereits die Untersuchungen von Anna Freud mit Kindern aus London, die im Zweiten Weltkrieg von den Bombenangriffen auf ihre Heimatstadt betroffen waren. Sie stellte fest, dass diejenigen Kinder, die aus der Stadt gebracht wurden, während die Eltern in der

Stadt verblieben, stärkere Traumafolgesymptome aufzeigten (sogenanntes **Separationstrauma**) als die Kinder, die bei ihren Eltern im Kriegsgebiet und somit in der vertrauten und emotional sicheren Umgebung ihrer wichtigsten Bezugspersonen geblieben waren (vgl. Freud & Burlingham, 1973). Es wird also deutlich, dass es bei einer bedrohlichen Situation mitunter für ein Kind besser sein kann, das Ereignis gemeinsam mit seinen Bezugspersonen zu durchleben, als der Situation entfliehen zu können, dafür aber die Bezugspersonen zurücklassen zu müssen. Die Anwesenheit der Eltern kann sich aber nur positiv auf die Traumaverarbeitung beim Kind auswirken, wenn die Erwachsenen nicht selbst unter dem Ereignis derart leiden, dass sie in der Ausübung ihrer elterlichen Schutzfunktion eingeschränkt sind.

Sind die Eltern oder nahen Bezugspersonen gar selbst Urheber*innen der Traumatisierung, dann sind die Auswirkungen besonders katastrophal für die Betroffenen.

1.8 Wirkt ein Trauma weiter?

Es wurde bereits erwähnt, dass ein bestimmtes traumatisches Ereignis nicht von jeder Person auf die gleiche Weise verarbeitet wird, da dabei immer die Umweltfaktoren und die persönlichen Ressourcen eine Rolle spielen. Im Folgenden wird nun zudem der Frage nachgegangen, inwieweit biologische Faktoren, wie die Gene, an der Entstehung von Traumata beteiligt sein können.

Im Bereich der Traumatologie wird immer wieder darüber diskutiert, ob es sogenannte Trauma-Gene gibt, sprich Gene, die den Menschen anfälliger dafür machen, nach traumatischen Ereignissen eine Störung mit Krankheitswert zu entwickeln. Zu diesem Thema wurde an der Universität Bonn nach der ICE-Katastrophe von Eschede eine Studie durchgeführt. Hierbei wurden die Opfer der Katastrophe labordiagnostisch untersucht und man stellte fest, dass die Überlebenden, die unter einer ausgeprägten Ängstlichkeit und Traumasymptomatik litten, eine **neurobiologische Veränderung auf dem COMT-Gen** aufwiesen. Dieses Gen ist unter anderem dafür verantwortlich, dass Dopamin im Gehirn langsamer abgebaut wird. Neurobiologen von der ETH Zürich haben zudem entdeckt, dass extremer Stress, toxische Lebensumstände und Traumatisierungen die Regulation in der Zelle direkt beeinträchtigen und durch Keimzellen weitervererbt werden können. Erleben nun Kinder, Jugendliche oder Erwachsene kritische Lebensereignisse und das über einen längeren Zeitraum hinweg, hat das also (scheinbar) Auswirkungen auf die genetischen Strukturen, die dann auch an Nachkommen (in Form einer genetischen Vulnerabilität) weitergegeben werden können (vgl. Bartens, 2014; Montag, Buckholtz, Hartmann et al., 2008).

Auf den Punkt: Traumatische Ereignisse können Einfluss auf die Erbstruktur haben.

Neben der Diskussion, ob es „Trauma-Gene" gibt, wird auch immer wieder der Begriff der **transgenerationalen Traumatisierung** erwähnt. Hinter diesem Begriff verbirgt sich die Theorie, dass **erlebte Traumata von einer Generation zur anderen weitergegeben** werden, sprich von Eltern zu deren Kindern und Enkelkindern. Bei dieser „Weitergabe" denkt man sofort an Vererbung, was aber nicht direkt zutrifft (vgl. Möller, 2022). Die Auswirkungen erlebter Traumata spiegeln sich in vielen menschlichen Verhaltensweisen wider, beispielsweise in der Interaktion mit anderen Personen.

Mehrere Studien belegen, dass Mütter, die durch eine Geburt (z. B. unter besonders belastenden Bedingungen) traumatisiert sind, noch Wochen oder sogar Monate bewusst oder unbewusst so sehr mit ihrer eigenen Gefühlswelt beschäftigt sein können, dass sich die daraus folgende mangelnde Interaktion mit dem Kind auf dessen Entwicklung auswirken kann. Hierbei geht es nicht nur um Auffälligkeiten in der Kommunikation zwischen Mutter und Kind, sondern auch um die Regulierung der kindlichen Gefühle durch die Mutter (z. B. Zurücklächeln, wenn das Kind lacht;

Abb.: © s1mple life – Shutterstock.com

Trösten bei Traurigkeit). Ferner schätzen traumatisierte Mütter die emotionalen Reaktionen ihrer Kinder generell negativer ein als Mütter ohne Traumatisierung. Eine gestörte Mutter-Kind-Beziehung kann zu späteren **Auffälligkeiten im Bindungs- und Sozialverhalten beim Nachwuchs** führen. Durch die eingeschränkte verbale und emotionale Kommunikationsfähigkeit oder sogar durch ein Ablehnungsverhalten seitens der Mutter (z. B. *„Das Kind ist daran schuld, dass ich nach der Geburt gesundheitliche Einschränkungen habe."*) werden indirekt traumatische Erlebnisse der Eltern an ihre Nachkommen weitergegeben und somit Kinder in ihrer gesunden emotionalen und sozialen Entwicklung gefährdet (vgl. Graf & Schechter, 2024; Perizzolo, Glaus , Stein et al., 2022).

Man könnte dieses Phänomen auch als **„Traumakette"** bezeichnen (siehe Abb. 5). Die häufig verwendete Aussage „das Trauma wird an die Kinder weitergegeben" wäre hier irreführend (vgl. Scharf & Mayseless, 2011)[4], da das Trauma selbst nicht weitergegeben wird. Es kann aber durch die **Traumafolgen**, z. B. mangelnde und dysfunktionale Interpretation und Regulation von kindlichen Gefühlen durch die Bezugsperson, beim betroffenen Kind ein emotionales und/oder soziales Entwicklungsdefizit entstehen, was je nach Intensität der dysfunktionalen interpersonellen Prozesse in der Familie in ein Entwicklungstrauma führen kann. So sind beispielsweise Kinder traumatisierter Eltern oft trotziger, aggressiver, ängstlicher und depressiver als andere Kinder. Auf diese Weise hat das Trauma einer Bezugsperson auch auf das Leben des Kindes Einfluss (vgl. Garbe, 2023, S. 41–53).

[4] In Anlehnung an die therapeutische Arbeit mit Holocaust-Überlebenden und deren Nachkommen, bei denen man in Form von ähnlichen Symptomen bei den Kindern eine Weitergabe des Traumas der Erwachsenen an die Kinder feststellen konnte, obwohl die Kinder den Holocaust nicht direkt selbst erlebt hatten, wird der Begriff der transgenerationalen Weitergabe mittlerweile von vielen Disziplinen verwendet, besonders wenn es sich um Gewalteinwirkungen auf eine ganze Personengruppe oder ein Volk oder kulturelle Gruppierung handelt. Dieser Begriff ist allerdings aus medizinischer Sicht äußerst umstritten; außerdem handelt es sich bei dem oben skizzierten Beispiel nicht um die Weitergabe desselben Traumas (Traumatisierung der Mutter bei der Geburt, z. B. aufgrund eines Hebammenwechsels während des Geburtsvorgangs, starker Geburtsverletzungen, nicht einvernehmlich erfolgter Gewalteinwirkung durch medizinisches Personal; Christ, 2024). Es handelt sich hingegen um eine „neue" Traumatisierung des Kindes (z. B. Bindungstrauma) aufgrund einer traumatischen Erfahrung der Mutter, daher wird an dieser Stelle der neue Begriff der „Traumakette" eingeführt.

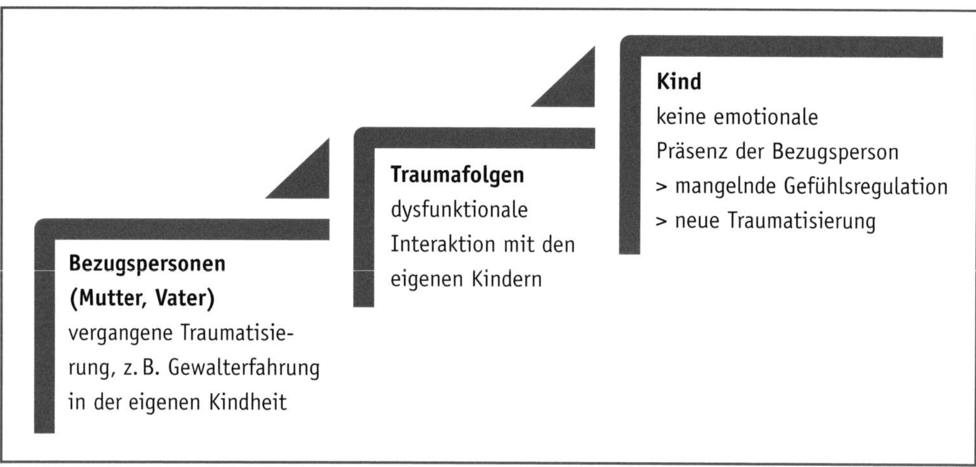

Abb. 5: Die Traumakette (eigene Darstellung)

Ein sehr bekanntes Experiment zu diesem Phänomen, ist das „**Still-Face-Experiment**" (Tronick et al., 1978). Es wurde von Edward Tronick entwickelt und seitdem in verschiedensten Konstellationen wiederholt. Der Versuchsaufbau ist wie folgt: Die Mütter oder Väter sollen in der Interaktion mit ihren Säuglingen und Kleinkindern auf einmal die Gesichtsmimik einfrieren, obwohl das Kind mit ihnen interagiert. Die Eltern zeigen keine mimischen Reaktionen mehr auf das Verhalten der Kinder. Das Resultat ist, dass die Kinder sehr irritiert sind, lautstark protestieren und auffälliges Verhalten zeigen, um in irgendeiner Form wieder die Aufmerksamkeit des Elternteils zu bekommen. Dieser – im Experiment bewusst herbeigeführte – Still-Face-Zustand ist auch bei traumatisierten Müttern und/oder Vätern zu beobachten, weil diese nicht mehr in der Lage sind, ihre Gefühle den anderen voll umfänglich mitzuteilen oder Gefühle anderer nachzuempfinden.

Auf den Punkt: Diese Still-Face-Reaktionen bei Säuglingen und Kleinkindern kann man ebenso bei Eltern beobachten, die durchgehend mit ihren Smartphones beschäftigt sind. Durch den ständigen Blick auf das Medium kommt es zu unterbrochenen Kommunikationsformen zwischen Kind und Bezugsperson, was bei langfristiger und intensiver Umsetzung zu starken Irritationen beim Kind bis hin zu Störungen führen kann (vgl. von Wyl, Braune-Krickau, Schneebeli et al., 2021). Auch das „Parken" von Kleinkindern vor dem Fernseher hat eine ähnliche Wirkung, weil hier das Kind ebenfalls keine Interaktion erfährt und in seinen Gefühlszuständen, die es beim Betrachten einer Fernsehsendung erlebt, nicht unterstützend reguliert wird (vgl. Reid Chassiakos, Radesky & Christakis, 2016).

Auch die Wiederholung von traumatischen Ereignissen, indem selbst erlebte traumatische Situationen der eigenen Kindheit (z. B. Gewalterfahrungen) bei der Erziehung der eigenen Kinder reproduziert werden, passt zu der Diskussion über die Frage der „Vererbbarkeit" von Traumata. Man spricht dann auch von **Reinszenierung**. Hier werden Traumata, die der*die Betroffene selbst nicht verarbeitet oder gar verdrängt hat, an den Kindern wiederholt.

1.9 Trauma speziell bei Kindern und Jugendlichen

Einem traumatischen Ereignis ausgesetzt zu sein, ist für alle Menschen, egal welchen Alters, schwierig. Bei Kindern und Jugendlichen kommen allerdings noch besondere Risikofaktoren hinzu.

Traumatische Ereignisse **übersteigen** nämlich **den Erfahrungshorizont** eines Kindes. Je nach kognitivem Entwicklungsstand und persönlichem Reifegrad des Kindes sind Krisen, Katastrophen und bedrohliche Ereignisse für dieses nur schwer verständlich und in die eigene seelische Struktur zu integrieren. Aufgrund mangelnder Vorerfahrungen fehlen Kindern und Jugendlichen außerdem **geeignete Strategien** für den Umgang mit solchen kritischen Erlebnissen. Erschwert wird die Verarbeitung bei mangelnder Unterstützung seitens der Bezugspersonen.

Kinder, aber auch Jugendliche, haben das Problem, dass sie über **weniger Lebensjahre (kürzerer Lebensweg)** verfügen als Erwachsene. Das bedeutet, dass beispielsweise „Krisenjahre" (z. B. die Corona-Pandemie, Krieg in der Ukraine) für Kinder ein ganz anderes Gewicht haben als für Erwachsene. So entsprechen bei einem 8-jährigen Kind zwei Jahre Pandemie mit Corona-Maßnahmen einem Viertel seiner Lebenszeit.

Abb.: © Pita Design – Shutterstock.com

Besonders bei einer Bedrohung durch eine enge Bezugsperson erleben Kinder ein hohes Maß an **Hilflosigkeit und Abhängigkeit**. Ihnen bleibt häufig nur als Reaktion, sich mit dem*der Aggressor*in zu identifizieren. Der*die Betroffene übernimmt dabei oft unbewusst bestimmte Überzeugungen, Werte und Verhaltensweisen des Täters oder der Täterin. Eine weitere mögliche Reaktion ist, die Verhaltensweisen zu idealisieren *(„Meine Eltern sind spitze, obwohl sie mich schlagen. Ich verdiene es.")*.

Traumatisierungen in der Kindheit erschweren in besonderer Weise die **Bewältigung von weiteren Entwicklungsaufgaben**, beispielsweise in der Adoleszenz. Durch bedrohliche Erfahrungen steigt die Vulnerabilität, was wiederum zu einem erhöhten Risiko führt, andere Entwicklungsaufgaben konfliktbehaftet, defizitär oder stellenweise gar nicht zu bewältigen.

Die **Selbstrettungs- und Heilungsversuche** der Kinder und Jugendlichen nach einem Trauma sind häufig **kontraproduktiv**: Selbstverletzungen, „Selbstbetäubung" durch Suchtmittelmissbrauch, Essstörungen (bulimische Essattacken, Anorexie), exzessives „Sich-fühlen-Wollen" (Gefahrensuche, Ausübung von Extremsportarten etc.) und Zwangsrituale.

Die **heutige Medienwelt** ist ebenfalls als Risikofaktor für Schulkinder einzustufen. Während früher Katastrophen, Kriege, Berichte über Gewalt mehr oder weniger „örtlich begrenzt" und vor allem von Erwachsenen wahrgenommen wurden (z. B. Schauen der Nachrichten auf dem Fernseher im Wohnzimmer nur für die Eltern, Lesen der Tageszeitung), prasseln heute unter Umständen auf jede Person, die ein internetfähiges Smartphone besitzt, rund um die Uhr Katastrophenmeldungen aus der ganzen Welt ein. Je nach Freundeskreis in den sozialen Medien können einem auch noch Videos direkt aus den Krisenherden dieser Welt im Newsfeed angezeigt werden (z. B. humanitäre Krise im Gaza-Streifen). Wenn Eltern nun ihren Kindern völlig freie Hand über die Nutzung ihres Smartphones lassen und nicht medienerzieherisch tätig werden (etwa durch Sperren bestimmter Internetseiten, Sprechen über aktuelle Themen und Trends, Wissen über Mitgliedschaften der Kinder in bestimmten Gruppen), kann es passieren, dass Kinder, ohne die traumatischen Ereignisse (z. B. Bombenangriff, Hungersnot) selbst erlebt haben zu müssen, durch das Ansehen entsprechender Videos Albträume oder Ängste entwickeln. Auch können Kinder mit eigenen traumatischen Erfahrungen (z. B. als Kriegsflüchtlinge) retraumatisiert werden.

2. Welchen traumaverursachenden Situationen sind Kinder und Jugendliche ausgesetzt?

2. Welchen traumaverursachenden Situationen sind Kinder und Jugendliche ausgesetzt?

Da Kinder und Jugendliche in ihrer Persönlichkeitsentwicklung noch nicht so gefestigt sind wie Erwachsene, sind sie gefährdeter, in bestimmten Situationen ein Trauma zu erleben.

2.1 Einflussbereich Familie

Genetische Faktoren, erfahrene Erziehungspraktiken oder auch erlebte traumatische Ereignisse bei den Eltern selbst haben einen großen Einfluss darauf, wie diese mit ihren eigenen Kindern umgehen. In den ersten Lebensjahren sind Kinder von ihren wichtigsten Bezugspersonen völlig abhängig und daher besonders anfällig für Traumata.

Für Babys sind viele Situationen, ob sie Hunger, Durst oder eine volle Windel haben, **existenziell bedrohlich**. Außerdem wirken alle Reize von außen auf das kleine Wesen ungefiltert ein. Gerade in dieser Phase ist das Kind wie in keiner anderen Lebensphase auf die Unterstützung und die emotionale Zuwendung seitens der wichtigsten Bezugspersonen angewiesen. Kinder lernen viele Aspekte der sozialen Interaktion über die Interaktion mit den Bezugspersonen, in denen beide wechselseitig mit Mimik, Gestik oder Stimme aufeinander reagieren (**Co-Regulation**). Bekommt ein Säugling seine Bedürfnisse nach Zuwendung, emotionaler Wärme und Geborgenheit nicht erfüllt und wird ihm zudem die soziale Interaktion verweigert (siehe Still-Face-Experiment), kann sich daraus eine **Bindungsstörung** (bzw. ein Bindungstrauma) entwickeln. Problematisch an dieser Form des Traumas ist, dass sich diese Schädigung unter Umständen erst Jahre oder Jahrzehnte später zeigt, meist mit dem Beginn eigener Beziehungen ab der Pubertät.

Aus psychologischer Sicht wurde in dieser Phase vor allem der Mutter eine entscheidende Rolle zugeschrieben. Denn früher war es nur den Müttern (bzw. Ammen) möglich, das Kind durch Stillen zu ernähren. Über viele Jahrhunderte waren die Mütter diejenigen, die für die Versorgung der Kinder zuständig waren. Heutzutage sind die **Familienkonstellationen vielfältig**, und auch in einer traditionellen Konstellation übernehmen viele Väter bereits im Säuglingsalter zahlreiche Tätigkeiten.

Wie die anfallenden **Tätigkeiten der Kinderpflege** (z. B. Füttern, Wickeln, Zu-Bett-Bringen) **unter den Elternteilen/Betreuungspersonen aufgeteilt** wird, ist unerheblich, solange alle Bedürfnisse des Säuglings zeitnah befriedigt werden.

Auf den Punkt: Für ein kleines Kind birgt die Welt zahlreiche Möglichkeiten der Traumatisierung, denn es hat noch keine psychische Struktur aufgebaut, die es schützt und ihm dabei hilft, die Ereignisse einzuordnen. Eine zentrale Rolle hierbei spielen die wichtigsten Bezugspersonen, um das Kind beim Aufbau einer stabilen seelischen Struktur zu unterstützen.

Neben dem Auftreten von Bindungstraumata, die durch mangelnde emotionale Wärme und defizitäre Eltern-Kind-Interaktion entstehen können, können auch **direkte und indirekte Gewalthandlungen oder Gewalterfahrungen** Kinder und Jugendliche dauerhaft traumatisieren. Einen zentralen Aspekt bildet hierbei die **Misshandlung**. Misshandlungen sind gewaltsame physische oder psychische Beeinträchtigungen, die Kinder und Jugendliche durch Erwachsene erfahren. Die Erscheinungsformen von Misshandlungen sind vielfältig. Unter Misshandlungen im engeren Sinne werden heute solche Verhaltensweisen verstanden, bei denen Kindern körperliche und/oder sexuelle Verletzungen zugeführt werden. Neben direkter Gewalterfahrungen fällt auch **indirekte Gewalt** als emotionale oder auch seelische Misshandlung in diese Kategorie, beispielsweise das bewusste Ignorieren des Kindes *(„Ich rede jetzt eine Woche lang nicht mehr mit dir.“)*. Laut der amtlichen Kriminalstatistik waren im Jahr 2021 in Deutschland 4 465 Kinder unter 14 Jahren von Kindesmisshandlung betroffen. Bei sexuellen Delikten, die extra erfasst werden, waren sogar 17 704 Kinder unter 14 Jahren betroffen (BKA, 2024).

Häufig handelt es sich bei emotionaler Vernachlässigung und häuslicher Gewalt um verheerende Erfahrungen mit den eigenen Eltern oder Mitgliedern der Kernfamilie. Eine wichtige Rolle spielen aber meist nicht nur die Täter*innen selbst, wie etwa ein gewalttätiger Vater, sondern auch die **Art und Weise**, wie das Umfeld des Kindes mit solchen Geschehnissen umgeht. Nicht selten werden gewalttätige Vorkommnisse in den Familien verschwiegen oder von anderen Familienmitgliedern, Nachbar*innen und Bekannten mehr oder weniger willentlich übersehen oder im Nachhinein beschönigt.

Es gibt mitunter nämlich eine Tendenz, den*die Täter*innen zu schonen, um sich nicht mit ihnen und den beschämenden Ereignissen auseinandersetzen zu müssen. Dafür wird hingegen die Schuld oft bei dem*der Betroffenen selbst gesucht. Diese Tatsache führt zu einem ungünstigen verinnerlichten Beziehungsmodell, bei dem sich das Kind selbst schuldig für die erlittene Gewalt fühlt. In extremen Formen kann es sogar dazu führen, dass es zu einer **Schuldumkehr** kommt, sprich: dass sich das Kind dem*der Täter*in gegenüber schuldig fühlt.

Außerdem muss man sich vor Augen führen, dass ein Kind in der Regel bis zur Volljährigkeit von seinen **Eltern abhängig** ist und aus evolutionsbiologischen Gründen für seine Eltern im Allgemeinen Liebe empfindet, selbst wenn dieses von Liebe geprägte Verhältnis durch einzelne verletzende Episoden gestört wird. Kinder können also aufgrund einzelner Ereignisse ihren Eltern gegenüber durchaus „Hass" empfinden, dies reicht aber normalerweise nicht aus, um sich aus eigener Kraft von den Eltern loszusagen. Je jünger das Kind ist, desto häufiger spielen äußere Faktoren (z. B. fehlende eigene Geschäftsfähigkeit) eine Rolle. Doch auch Jugendlichen, die sich z. B. selbstständig an das Jugendamt wenden könnten, um Unterstützung zu erhalten, fällt dieser Schritt, sich gegen die eigenen Eltern zu stellen, schwer.

Auf den Punkt: Es ist belegt, dass Missbrauchs- und Vernachlässigungserfahrungen in der Kindheit und Jugend eine erhöhte lebenslange Vulnerabilität für alle Arten von psychischen Erkrankungen mit sich bringen.

2.2 Einflussbereich Schule

Nicht nur im familiären Setting können Traumatisierungen entstehen. Auch die Schule kann zum Tatort für sehr prägende und schädliche Erfahrungen werden. Eine besondere Form aggressiven Verhaltens, dem besonders Kinder und Jugendliche ausgesetzt sind, ist in der heutigen Zeit das „**Mobbing**". Unter Mobbing (engl. to mob – „fertigmachen, anpöbeln, belästigen") versteht man, dass eine Person wiederholt, über einen längeren Zeitraum und systematisch direkt oder indirekt schädigenden Handlungen einer oder mehrerer Personen ausgesetzt ist und nicht in der Lage ist, sich gegen die Aggressor*innen zu wehren.

Eine besondere Form des Mobbings stellt das **Cybermobbing** dar, das in den letzten Jahren gerade bei Jugendlichen stark zugenommen hat. Der Grund dafür ist, dass fast 95 % der 12- bis 19-Jährigen ein eigenes Smartphone und gut 75 % dieser Gruppe zudem ein eigenes Tablet besitzen, über deren Nutzungszeit sie selbstständig entscheiden können (vgl. Orth, 2017, S. 10). Die schädlichen Handlungen werden hierbei meistens über Messenger, wie WhatsApp, oder in sozialen Netzwerken, wie Instagram und Facebook, durchgeführt. Die Ausdrucksformen ähneln denen im realen Leben, wie z. B. kontinuierliche und direkte Belästigungen via Mail und Chat-Anfragen oder Verunglimpfungen bzw. Beleidigungen der Person durch bewusstes Streuen von Gerüchten.

Abb.: © nasharaga – Shutterstock.com

Eine neue und entsetzliche Form des Cybermobbings in Kombination mit physischer Gewalt ist das sogenannte **Happy Slapping**. Hier reicht es den Täter*innen nicht aus, ihrem Opfer körperliche und/oder sexuelle Gewalt anzutun, sondern das Geschehen wird per Videoaufnahme sogar noch dokumentiert, um es später auf sozialen Medien, wie Facebook, Instagram, TikTok und Co., zu veröffentlichen.

Neben dem Akt an sich und der damit verbundenen Demütigung ist für viele Betroffene besonders belastend, dass häufig (Augen-)Zeug*innen ihnen weder in der Situation selbst helfen noch bereit sind, später darüber auszusagen; stattdessen bleiben sie sprachlos, nicht selten applaudieren sie noch den Täter*innen. Die **Folgen** solcher Handlungen für die Betroffenen können gravierend sein: ein starkes Gefühl der Hilflosigkeit und Ohnmacht, Erstarrung, Übersprungshandlungen, Angst, Scham, Albträume, Schulprobleme bis hin zu suizidalen Gedanken (vgl. Vobbe, 2014).

Auf der folgenden Seite finden Sie zwei Fragebogen, die Sie als Screening nutzen können, um einen Einblick in das soziale Miteinander der Klasse zu erhalten und somit möglichst frühzeitig Mobbing- und Ausgrenzungstendenzen zu ermitteln. Der erste Bogen eignet sich besonders für Grundschulklassen, der zweite Bogen richtet sich an Schüler*innen der Klassen 5–13. Die Fragebogen stehen ebenfalls als pdf-Dokument zum Download zur Verfügung.

Fragebogen:
Wie gehen wir miteinander um? (Klasse 1–4)

Name: .... Datum: ....

Geschlecht: ○ Mädchen ○ Junge ○ divers Klasse: ....

Fragen	Ja	Nein
Ich fühle mich wohl in der Schule.	☐	☐
Ich freue mich morgens auf die Schule.	☐	☐
Die anderen Kinder sind nett zu mir.	☐	☐
Ich werde getröstet, wenn ich traurig bin.	☐	☐
Mir helfen die anderen Kinder, wenn ich ein Problem habe.	☐	☐
In der Gruppenarbeit darf ich meine Meinung sagen.	☐	☐
Ich darf beim Spielen in der Pause mitspielen.	☐	☐
Die anderen Kinder machen sich über mich lustig.	☐	☐
Die anderen Kinder suchen Streit mit mir.	☐	☐
Ich habe viele Freundinnen oder Freunde in der Klasse.	☐	☐
In der Klasse halten wir alle zusammen.	☐	☐
Meine Mitschülerinnen und Mitschüler lachen über Kinder, die anders sind.	☐	☐
Ich halte mich immer an die Klassenregeln.	☐	☐

Was möchtest du noch gern zu diesem Thema sagen?

....

....

....

....

....

Fragebogen:
Wie gehen wir miteinander um? (Klasse 5–13)

Name: .... Datum: ....

Geschlecht: ○ Mädchen ○ Junge ○ divers Klasse: ....

Fragen	Ja	Nein
Ich fühle mich wohl in der Schule.	☐	☐
Ich freue mich morgens auf die Schule.	☐	☐
Ich habe mehrere gute Freunde oder Freundinnen.	☐	☐
Wir halten alle zusammen, wenn es darauf ankommt.	☐	☐
Wir achten darauf, dass niemand mit seinen Problemen allein gelassen wird.	☐	☐
Jede Person darf ihre Meinung sagen.	☐	☐
Wir helfen uns gerne, wenn jemand Hilfe braucht.	☐	☐
In der Klasse sind viele neidisch, wenn andere bessere Leistungen haben als sie.	☐	☐
In der Klasse sind viele schadenfroh, wenn jemand einen Fehler macht oder eine schlechte Note bekommt.	☐	☐
Einige Schüler und Schülerinnen versuchen, immer gut dazustehen, indem sie andere schlecht machen.	☐	☐
Einige Schüler und Schülerinnen lassen sich leicht anstecken, wenn einige von uns im Unterricht Unsinn machen.	☐	☐
In der Klasse stören einige Schüler und Schülerinnen oft den Unterricht.	☐	☐

Was möchtest du noch gern zu diesem Thema sagen?

....

....

....

2.3 Unbeeinflussbare Ereignisse: Flucht und Kriegserfahrungen

Mit zunehmender Anzahl verschiedenartiger traumatischer Erlebnisse über eine gewisse Lebensspanne hinweg steigt auch sukzessive die Wahrscheinlichkeit, an einer Traumafolgestörung zu erkranken. Diese Gefahr besteht vor allem bei Geflüchteten, weil diese auf ihrer Flucht meist mehrere unterschiedliche Bedrohungen oder schreckliche Situationen erleben müssen, z. B. Gewalt, Tod naher Angehöriger, eigene Todesangst.

Neben diesen Erfahrungen kommen viele zusätzliche Probleme auf geflüchtete Kinder und Jugendliche zu. Hier ist zum einen die **Sprachbarriere** zu erwähnen, da die Kinder die Sprache des Ankunftslands selten sprechen können und häufig, wenn überhaupt, auch nur über geringe Englischkenntnisse verfügen. Zum anderen kommen oft soziokulturelle Unterschiede hinzu, z. B. andere Regeln des sozialen Miteinanders als im Alltag und Unterricht des Heimatlandes.

Eine besondere Herausforderung für das pädagogische Personal stellen die **unbegleiteten minderjährigen Flüchtlinge** dar. Unbegleitet bedeutet, dass diese Kinder und Jugendlichen ohne Eltern bzw. ohne Sorgeberechtigte auf der Flucht sind. Entweder reisen sie allein, mit Geschwistern oder in Gruppen.

Abb.: © Simple Line – Shutterstock.com

Unbegleitete minderjährige Flüchtlinge sind oft einer besonderen Belastung ausgesetzt, da gerade diese Kinder und Jugendlichen häufig auf der Flucht ihre Eltern, Geschwister oder andere Verwandte verloren haben. Gründe dafür können Verschleppung, Inhaftierung oder auch Tod der Angehörigen sein. Diese Unwissenheit über den Verbleib und den gesundheitlichen Zustand der wichtigsten Bezugspersonen bedeutet ein kontinuierliches Erleben eines Ohnmachts- und Hilflosigkeitsgefühls. Ohne gezielte Intervention bringt dies massive dauerhafte psychische Schäden mit sich.

3. Welche Folgen haben Traumatisierungen bei Kindern und Jugendlichen?

Pädagogisch relevante Krankheitsbilder

3. Welche Folgen haben Traumatisierungen bei Kindern und Jugendlichen? – Pädagogisch relevante Krankheitsbilder

Traumafolgestörungen können sich auf vielfache Weise zeigen oder sich auf das Leben der Betroffenen auswirken. Viele Kinder und Jugendliche, die schwerwiegende Krisen oder Belastungen erlebt haben, entwickeln in der Zeit danach klinisch relevante emotionale, verhaltensmäßige, kognitive oder somatische Symptome, die nicht selten in eine chronifizierte Form übergehen können. Die Klassifizierung, nach der sich das gesamte medizinische und psychologische Personal in Deutschland mit seinen Diagnosen zu richten hat, ist die ICD-10 – *International Statistical Classification of Diseases and Related Health Problems; dt. Internationale statistische Klassifikation der Krankheiten und verwandter Gesundheitsprobleme* (ICD-10-GM, 2024). Dort werden folgende Erkrankungen (s. Tab. 1) direkt mit einem traumatisierenden Ereignis in Verbindung gebracht. Selbstverständlich gibt es noch weitere Erkrankungen, die vor allem mit frühkindlichen Traumatisierungen in Verbindung stehen, wie beispielsweise die Bindungsstörungen oder auch gewisse Formen der Persönlichkeitsstörung (PS), die im folgenden Abschnitt ebenfalls thematisiert werden.

Tab. 1.: Übersicht über die Traumafolgeerkrankungen nach ICD-10 und ICD-11[5]

Krankheitsbild	ICD-Schlüssel	Kurzbeschreibung
Akute Belastungsreaktion	ICD-10: F43.0 ICD-11: QE84	Die akute Belastungsreaktion ist eine vorübergehende Erscheinung, die als Reaktion auf ein außergewöhnliches Erlebnis entwickelt wird und im Allgemeinen innerhalb von Stunden oder Tagen abklingt.

[5] Die ICD-11 ist im Januar 2022 in Kraft getreten. Nach einer flexiblen Übergangszeit von fünf Jahren soll ab 2027 ausschließlich mit der ICD-11 kodiert werden. Die ICD-11 ist seit ihrem Inkrafttreten grundsätzlich einsetzbar, jedoch ist die Entwurfsfassung der ICD-11 in Deutsch aus lizenzrechtlichen Gründen noch nicht nutzbar.

Posttraumatische Belastungsstörung (PTBS)	ICD-10: F43.1 ICD-11: 6B40	Die PTBS ist eine schwere psychische Erkrankung, die nach einem oder mehreren schwerwiegenden Lebensereignissen mit katastrophalem Ausmaß auftreten kann. Kernsymptome sind Wiedererleben, Vermeidung und vegetative Übererregung.
Komplexe Posttraumatische Belastungsstörung (k-PTBS)	ICD-10: n.v.[6] ICD-11: 6B41	Die k-PTBS hat die gleiche Genese und Symptomatik wie die PTBS. Zusätzlich treten Auffälligkeiten in den Bereichen Emotionsregulation, Selbstwahrnehmung und soziale Interaktionen auf.
Andauernde Persönlichkeitsveränderung nach Extrembelastung	ICD-10: F62.0 ICD-11: n.v.	Persönlichkeits- und Verhaltensstörung nach extremer oder übermäßiger, anhaltender Belastung
Anpassungsstörung	ICD-10: F43.2 ICD-11: 6B43	Vorübergehende dysfunktionale Anpassungsreaktion auf belastende Lebensereignisse und einschneidende Lebensveränderungen.

[6] n.v.: Das Krankheitsbild ist in dieser Version des ICD nicht vorhanden.

3.1 Akute Belastungsreaktion

Schwere Belastungen bzw. Traumata sowie der Tod nahestehender Personen führen bei nahezu allen Menschen **kurzfristig zu Belastungsreaktionen** und daher ist die akute Belastungsreaktion die am häufigsten zu beobachtende Traumafolgeerkrankung. Bei der akuten Belastungsreaktion treten Symptome unmittelbar (Sekunden bis Minuten) nach der Konfrontation mit einem massiv traumatisierenden Ereignis auf. Symptome sind beispielsweise Herzrasen, schnelle Atmung, Angst, Unwohlsein, depressive Verstimmung, Verzweiflung, Überaktivität oder sozialer Rückzug. Auslöser können gravierende traumatische Ereignisse sein, wie ein Verkehrsunfall, oder Alltagsbelastungen, wie der Tod des geliebten Haustieres. Entscheidend ist hierbei, dass es sich ausdrücklich um eine **vorübergehende Symptomatik** handelt, die nach einigen Stunden bzw. Tagen wieder abklingen sollte. Die individuellen Risikofaktoren und die angewandten Bewältigungsmechanismen spielen beim Auftreten, Schweregrad sowie der Dauer eine entscheidende Rolle.

Auf den Punkt: Obwohl die akute Belastungsreaktion in der ICD aufgeführt wird, handelt es sich in erster Linie nicht um ein therapiebedürftiges Krankheitsbild oder eine Störung, da gewisse körperliche sowie emotionale Symptome nach traumatischen Erlebnissen in den Normalbereich menschlichen Verhaltens fallen, sofern diese nur über einen kurzen Zeitraum auftreten. Nach einem belastenden Ereignis gilt es also zunächst, Betroffene zu beobachten und erst, wenn die Symptome länger anhalten sollten, ärztlichen Rat einzuholen.

Auf der folgenden Seite finden Sie eine Checkliste, die Sie als Beobachtungsbogen nutzen können. Darauf finden Sie klassische Symptome, die nach einem kritischen Lebensereignis oder einem Trauma für eine kurze Zeit auftreten können, ohne dass dies bedenklich wäre. Die Liste liegt ebenfalls als pdf-Dokument zum Download vor.

Beobachtungsbogen:
Typische Reaktionen nach einer Krise oder einem belastenden Erlebnis (Akute Belastungsreaktion)

Körperliche Symptome		Emotionale Symptome	
Schwindelgefühl	☐	Angst, Furcht	☐
Schwächeanfälle	☐	Unsicherheit	☐
Erhöhte Pulsfrequenz	☐	Reizbarkeit, Frustration	☐
Erhöhter Blutdruck	☐	Schuld- und Schamgefühle	☐
Atemprobleme	☐	Gefühl von Hilflosigkeit	☐
Häufiger Harndrang	☐	Häufige Wutausbrüche	☐
Schlafstörungen	☐	Aggressives Verhalten	☐
Müdigkeit, schnelle Ermüdbarkeit	☐	Depressive Verstimmung	☐
Übelkeit und Erbrechen	☐	Gefühl der Überforderung	☐
Zucken des Augenlids	☐		
Zittern der Hände	☐		

Kognitive Symptome		Verhalten	
Allgemeine Verwirrung	☐	Rückzug/Abkapselung	☐
Skeptische Haltung	☐	Rast- und Ruhelosigkeit	☐
Albträume	☐	Stottern, Stammeln	☐
Vergesslichkeit	☐	Erhöhter Konsum von Alkohol	☐
Konzentrations- und Aufmerksamkeitsprobleme	☐	Erhöhter Konsum von Genussmitteln	☐
Unentschlossenheit	☐	Verringerte Arbeitsleistung	☐
Abwertende Selbstgespräche	☐	Appetitlosigkeit	☐

Anmerkung: Die aufgelisteten Symptome gehören zu den häufigsten Erscheinungen, die nach einem Trauma oder kritischen Lebensereignis auftreten können. Die Liste ist aber nur beispielhaft und kann jederzeit erweitert werden. Bei Unsicherheit oder längerem Auftreten der Symptomatik (länger als sieben Tage) sollte unbedingt ärztlicher Rat eingeholt werden.

3.2 Posttraumatische Belastungsstörung (PTBS)

Die **Posttraumatische Belastungsstörung (PTBS)** ist eine schwere psychische Erkrankung, bei der die betroffene Person **einem oder auch mehreren kurzen oder lang anhaltenden lebens- bzw. existenzbedrohenden Ereignissen** mit **katastrophalem Folgen** ausgesetzt war.

Mögliche **Ursachen** für die Entstehung einer PTBS sind Vergewaltigung, (jahrelanger) sexueller, körperlicher oder emotionaler Missbrauch in der Kindheit, Gewalt in der Partnerschaft, Naturkatastrophen, schwere Unfälle, plötzlicher Tod eines geliebten Menschen sowie das Erleben von Krieg, Gefangenschaft, Geiselnahme, Folter oder Terroranschlägen.

Die drei **Kernsymptome** lassen sich mit dem Symptomcluster **„WVV"** (siehe Abb. 6) zusammenfassen. Zu den Hauptkennzeichen gehört zum einen das **Wiedererleben des traumatischen Ereignisses**. Dieses umfasst folgende Symptome:

- wiederkehrende, ungewollte, belastende traumabezogene Erinnerungen (Intrusionen). Kinder zeigen auch häufig traumabezogene Aspekte im Spielverhalten, dass sie beispielsweise manche erlebten Szenen nachspielen.
- wiederkehrende, belastende Träume mit traumabezogenen Inhalten und/oder Emotionen, bei Kindern ab dem 6. Lebensjahr auch häufig Albträume ohne konkreten Inhalt; dissoziative Momente

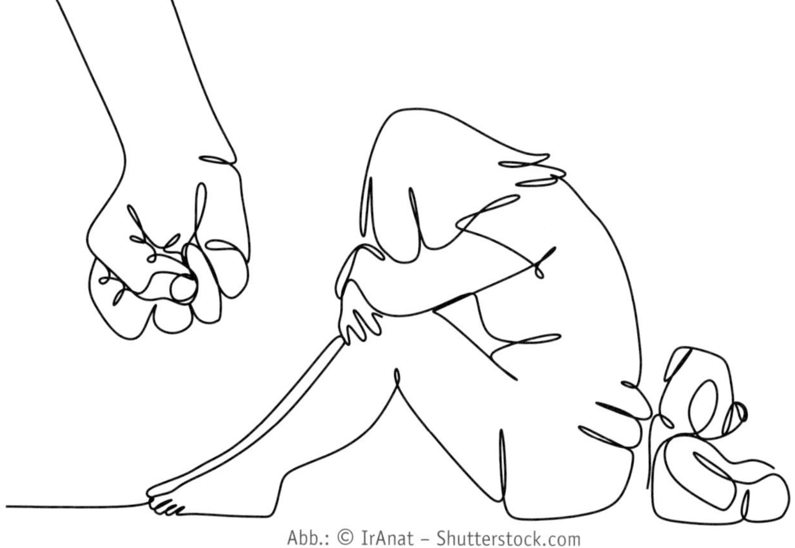

Abb.: © IrAnat – Shutterstock.com

Zudem zeigen die Betroffenen ein starkes **Vermeidungs- und Rückzugsverhalten**, indem sie beispielsweise Personen, Plätze oder auch Gedanken, Gefühle, Geräusche meiden, die unangenehme Erinnerungen an das traumatische Ereignis hervorrufen.

Als letztes Merkmal kann eine **starke vegetative Übererregtheit** beobachtet werden, die sich durch massive Schlafprobleme, emotionale Reizbarkeit, Wutausbrüche oder auch Konzentrationsprobleme äußert.

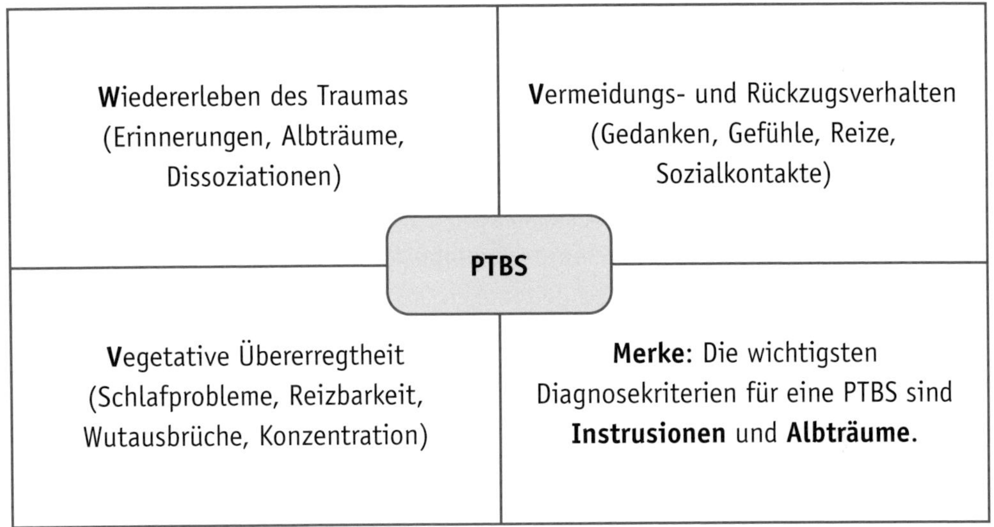

Abb. 6: Die Kernsymptome einer Posttraumatischen Belastungsstörung (PTBS)

Auf den Punkt: Besonders bei Kindern können sich die klassischen PTBS-Symptome stellenweise nicht so konkret zeigen. So sind Albträume bei betroffenen Kindern unspezifischer, während sich bei Jugendlichen und Erwachsenen die Trauminhalte konkret auf das Ereignis beziehen. Kinder zeigen zudem häufig ein repetitives Nachspielen des traumatischen Erlebnisses. Vegetative Übererregtheit kann sich bei Kindern in starker Trennungsangst und Angst vor der Dunkelheit zeigen, z. B. wenn sie auf einmal wieder ein Schlaflicht benötigen.

Zur **Auftretenswahrscheinlichkeit** lässt sich sagen, dass Kinder und Jugendliche im Mittel ca. eine 5-prozentige Wahrscheinlichkeit aufzeigen, im Laufe ihres Lebens eine PTBS zu entwickeln. Ausschlaggebend sind vor allem familiäre und soziale Faktoren (siehe Kapitel 1.7). So haben Jugendliche, die aus prekären familiären Verhältnissen stammen und in sogenannten Brennpunkten aufwachsen, eine erhöhte Wahrscheinlichkeit, an einer PTBS zu erkranken, als Jugendliche aus einem privilegierten sozialen Setting. Zudem haben Mädchen tendenziell ein höheres Risiko, eine schwere und vor allem längere PTBS-Symptomatik zu entwickeln, als Jungen (vgl. Augsburger & Maercker, 2020; S. 24–26).

Auf den folgenden Seiten finden Sie eine Vorlage, die Sie als Orientierungshilfe/Grobeinschätzung bei der Vermutung einer PTBS nutzen können, um die Kernsymptome einer PTBS bei Kindern und Jugendlichen mündlich abzufragen bzw. für sich einzuschätzen. Sie liegt ebenfalls als pdf-Dokument zum Download vor.

Grobeinschätzung zur Abklärung einer Posttraumatischen Belastungsstörung

a) Traumatisches Ereignis	ja	nein
War die Person einem äußerst bedrohlichen Ereignis oder einer sehr belastenden Situation ausgesetzt? (z. B. Naturkatastrophe, Autounfall, Folter, sexuelle Gewalt, Körperverletzung, lebensbedrohliche Erkrankung)	☐	☐
Hat die Person ein äußerst bedrohliches Ereignis bzw. eine sehr belastende Situation bei einem*einer engen Verwandten/Bekannten gesehen? (z. B. Autounfall, Folter, sexuelle Gewalt, Körperverletzung, lebensbedrohliche Erkrankung)	☐	☐

b) Wiedererleben	ja	nein
Treten wiederholt beunruhigende und ungewollte Erinnerungen an das belastende Erlebnis auf?	☐	☐
Treten wiederholt beunruhigende Träume von dem belastenden Erlebnis auf?	☐	☐

c) Vermeidung	ja	nein
Werden äußere Auslöser für Erinnerungen an das belastende Erlebnis gemieden (z. B. Personen, Plätze, Düfte, Geräusche)?	☐	☐
Werden Erinnerungen, Gedanken und Gefühle an das belastende Erlebnis vermieden?	☐	☐

d) Vegetative Übererregung	ja	nein
Leidet die Person an erhöhter Reizbarkeit, Wutausbrüchen oder aggressivem Verhalten?	☐	☐
Leidet die Person an Konzentrationsschwierigkeiten?	☐	☐
Leidet die Person an Ein- und/oder Durchschlafproblemen?	☐	☐

Anmerkung: Die aufgelisteten Symptome gehören zu den häufigsten Anzeichen, die bei einer PTBS auftreten können. Wird mindestens eine Frage der Kategorie a) sowie mindestens eine weitere der folgenden drei Kategorien b), c), d) mit „ja" beantwortet, sollte die betroffene Person/ihre Betreuungspersonen auf jeden Fall fachlichen Rat einholen.

3.3 Andauernde Persönlichkeitsveränderung nach Extrembelastung und komplexe Posttraumatische Belastungsstörung (k-PTBS)

Ein neues Krankheitsbild, das im Zuge der ICD-11 eingeführt wurde und die andauernde Persönlichkeitsveränderung nach Extrembelastung ablösen soll, ist die sogenannte komplexe posttraumatische Belastungsstörung (komplexe PTBS, k-PTBS). Die **Ursachen bei einer k-PTBS entsprechen denen einer PTBS**, z. B. körperliche und seelische Misshandlung, sexueller Übergriff, Kriegs- und Foltererfahrung, existenzbedrohendes Lebensereignis, massiv emotionale Vernachlässigung in der Kindheit sowie destruktive Beziehungen im Erwachsenenalter. Neben den **klassischen Hauptsymptomen**, wie **Wiedererleben des Traumas**, **Übererregtheit** sowie **sozialer und emotionaler Rückzug**, leiden die Betroffenen der komplexen PTBS zusätzlich unter:

- **Affektregulationsstörungen** (= Probleme, Gefühle angemessen zu identifizieren und zu regulieren),
- **negativer Selbstwahrnehmung** und
- **Beziehungsstörungen** (siehe Abb. 7; vgl. Augsburger & Maercker, 2020, S. 20–21).

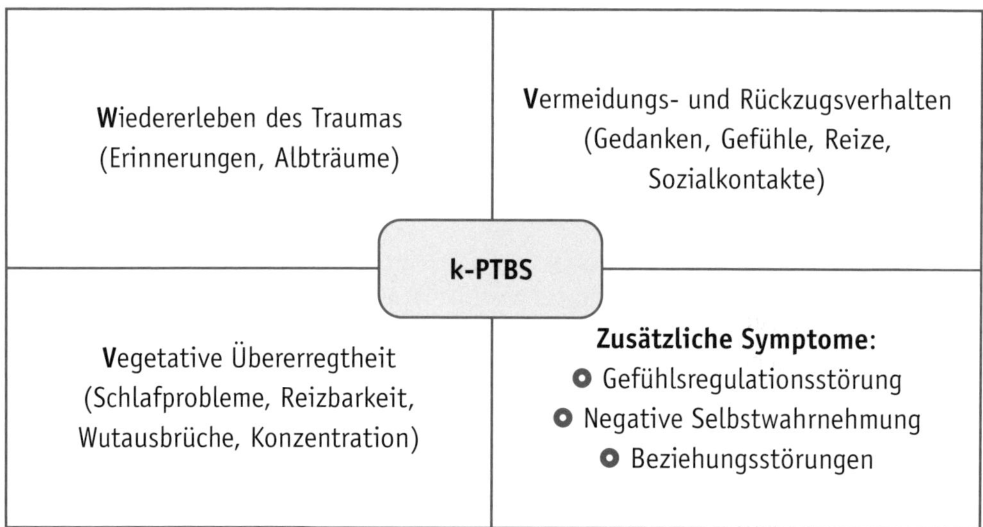

Abb. 7: Die Kernsymptome einer komplexen Posttraumatischen Belastungsstörung (k-PTBS)

3.4 Anpassungsstörung

Die Diagnose „Anpassungsstörung" wird vergeben, wenn zwar belastende Erlebnisse stattgefunden haben, diese aber nicht zwingend als traumatisch einzustufen sind. Im Gegensatz zur akuten Belastungsreaktion und PTBS stellen die Belastungsfaktoren bei einer Anpassungsstörung **in der Regel keine Extremerfahrungen dar**, sondern es handelt sich um bedrückende Lebensereignisse, wie beispielsweise Trennungs- und Verlusterlebnisse (z. B. Scheidung der Eltern), Emigration, Flucht oder schwere körperliche Erkrankungen, die einen **gestörten Anpassungsprozess** an die neue Situation nach diesen einschneidenden Lebensveränderungen mit sich bringen. Kernsymptome sind kurze oder längere depressive Reaktionen, eine Störung der Gefühle (z. B. anhaltende Angst) oder Auffälligkeiten im Sozialverhalten.

Als Zeitkriterium gilt, dass die Symptomatik innerhalb eines Monats beginnen und **nicht länger als sechs Monate** nach Ende der Belastung andauern soll – mit Ausnahme einer längeren depressiven Reaktion, die auch bis zu zwei Jahre anhalten kann (vgl. Kirsch & Rassenhofer, 2020, S. 292).

3.5 Bindungsstörungen

Das Erleiden eines Entwicklungstraumas in der frühen Kindheit führt häufig zur Diagnose einer Bindungsstörung, vor allem, wenn die Ursachen der kritischen Lebensereignisse im familiären Setting begründet sind. Bindungsstörungen entwickeln sich in der Folge von starker Vernachlässigung und von Misshandlungen in der Familie oder durch häufig wechselnde Bezugspersonen bei Heim- oder Pflegekindern. Je nachdem, wie sich der Kontakt zu den wichtigsten Bezugspersonen in den ersten Lebensjahren eines Kindes gestaltet, können Kinder auffällige, dysfunktionale Beziehungsmuster entwickeln.

Eine **Bindungsstörung** kann man definieren als ein vor dem 5. Lebensjahr entstehendes pathologisches Verhaltensmuster mit starken Auffälligkeiten im Bereich der sozialen und emotionalen Funktionen und Interaktionen. Es entstehen charakteristische dysfunktionale Muster in der Beziehungsgestaltung zu allen Bezugspersonen. Die ICD-10 unterscheidet zwei Formen der Bindungsstörung: eine reaktive Bindungsstörung des Kindesalters und eine Bindungsstörung des Kindesalters mit Enthemmung.

Die **reaktive Bindungsstörung des Kindesalters** ist gekennzeichnet durch starke Auffälligkeiten im Bereich der Emotionsregulation sowie durch den Einsatz unangepasster Verhaltensweisen bei Veränderungen der Milieuverhältnisse. Die Symptome bestehen aus Furchtsamkeit und Übervorsichtigkeit, eingeschränkten sozialen Interaktionen mit Gleichaltrigen, gegen sich selbst oder andere gerichteten Aggressionen, Unglücklichsein bis hin zu sozial bedingten Wachstumsverzögerungen. Als Folge davon reagieren diese Kinder selbst auf nicht bedrohliche Begegnungen mit Erwachsenen (z. B. Trostangebote) mit Angst, Ablehnung und Zurückweisung. Das Urvertrauen in andere Personen ist bei diesen Kindern grundlegend erschüttert.

Die **Bindungsstörung des Kindesalters mit Enthemmung** ist gekennzeichnet durch eine reduzierte bis fehlende Hemmung bei der Kontaktaufnahme und Interaktion mit Erwachsenen (z. B. das Stellen der Frage „Willst du mein Papa sein?" bei jedem Mann, der sich mit dem Kind beschäftigt), übermäßig vertrautes, distanzgemindertes Verhalten gegenüber Fremden und die Bereitschaft, ohne Zögern mit den nicht vertrauten Personen mitzugehen. Zudem zeigt sich ein Aufmerksamkeit suchendes bis hin zu einem stellenweise wahllos freundlichen Verhalten mit kaum modulierten Interaktionen bei Gleichaltrigen. Je nach Umständen können auch Verhaltensstörungen, wie Aggressionen und Konzentrationsprobleme, auftreten.

Auf den Punkt: Kein Kind wird als „bindungsgestört" geboren, sondern diese Erkrankung deutet in der Regel auf eine lang andauernde Missachtung kindlicher psychischer und physiologischer Grundbedürfnisse (z. B. Bedürfnis nach Essen, Schlafen, Bindung, Geborgenheit, Selbstwertaufbau) hin.

3.6 Persönlichkeitsstörungen

Jeder Mensch ist eine eigenständige Persönlichkeit mit verschiedenen Eigenschaften, die seinen Charakter definieren. Manche Personen sind mehr extravertiert, andere wiederum mehr introvertiert, andere wiederum legen viel Wert auf Ordnung und Struktur, während andere geradezu das Chaos lieben. Aber ab wann beginnt eine Störung? Ab wann sind die genannten Eigenschaften in ihrer Ausprägung pathologisch? Was haben Persönlichkeitsstörungen mit einer frühkindlichen Traumatisierung zu tun?

Menschen mit mehr oder weniger ausgeprägten Charaktereigenschaften der oben genannten Art haben noch keine Persönlichkeitsstörung (PS), sondern z. B. einen extravertierten/introvertierten Charakter bzw. eine entsprechende Persönlichkeitsstruktur. Zu einer „echten" Persönlichkeitsstörung werden bestimmte Charaktereigenschaften erst, wenn die **Verhaltensweisen von kulturellen Normen und Erwartungen deutlich abweichen**, sodass das Verhalten der Betroffenen **in vielen persönlichen und sozialen Bereichen unflexibel und unpassend ist.** In vielen Fällen leiden die Betroffenen darunter, manche haben allerdings kein Problem mit ihrem Anderssein, sind vielleicht sogar – wie z. B. Menschen mit einer stark ausgeprägten zwanghaften Persönlichkeitsstörung – stolz darauf.

Diagnostische Kriterien legen fest, ab wann zum einen die Auffälligkeiten bestehen müssen und zum anderen in welchen vier Bereichen das Verhalten der Betroffenen **deutlich von den Normen der Gesellschaft abweichen** muss, um von einer Persönlichkeitsstörung sprechen zu können. Das dysfunktionale bzw. auffällige Verhalten muss seit der **Adoleszenz** bestehen, **andauernd** und in **vielen persönlichen und sozialen Situationen eindeutig unpassend sein.** Dazu müssen mindestens zwei oder sogar mehrere der folgenden Bereiche betroffen sein: **die kognitiven Funktionen, die Affektivität, die Impulskontrolle und das soziale Handeln.** Ein weiteres Kriterium ist, dass die Betroffenen oder das soziale Umfeld häufig unter dem abweichenden Verhalten leiden. Aus diesen diagnostischen Vorgaben ergeben sich drei große Gruppen von Persönlichkeitsstörungen, die hier nur kurz skizziert werden (siehe Tab. 2; eine genauere Beschreibung der einzelnen Störungsbilder finden Sie bei Kölch, Allroggen & Plener, 2020; Zimbardo & Gerrig, 2004, S. 684–686.):

Tab. 2.: Persönlichkeitsstörungen im Überblick

Gruppe	Persönlichkeitsstörung	Beispiele für Merkmale
A	**paranoide Persönlichkeitsstörung**	misstrauisch/eifersüchtig; leicht kränkbar; überempfindlich gegenüber Kritik; ausgeprägtes Bedürfnis nach Selbstständigkeit; „Streitsüchtigkeit"
	schizoide Persönlichkeitsstörung	kühl; distanziert; wenig Interesse an Mitmenschen; Einzelgängertum; Rückzug in Fantasiewelten
	schizotype Persönlichkeitsstörung	sehr „schrullig" und zurückgezogen; Vorliebe für esoterische/magische Denkweisen; umständliche Ausdrucksweise; Schwierigkeiten im passenden Gefühlsausdruck
B	**emotional instabile Persönlichkeitsstörung**	Neigung zu Streit/Konflikten; Neigung zu unkontrollierten Wut- und/oder Gewaltausbrüchen; starke Stimmungsschwankungen; Störungen des Selbstbilds; Neigung zu intensiven und instabilen Beziehungen; wiederholte Drohungen/Handlungen in Bezug auf Selbstschädigung; anhaltende Gefühle von Leere
	narzisstische Persönlichkeitsstörung	verminderte Kritikfähigkeit; Selbstüberschätzung; gleichzeitig bestehende (meist unbewusste) Minderwertigkeitsgefühle; sehr starker Drang, immer im Mittelpunkt zu stehen
	histrionische Persönlichkeitsstörung	Neigung zu „dramatischen Auftritten"; leicht durch andere zu beeinflussen; stark ausgeprägtes Aufmerksamkeitsbedürfnis und Suche nach aufregenden Aktivitäten; große Rolle der eigenen Attraktivität

B	**dissoziale (antisoziale) Persönlichkeitsstörung**	Missachtung sozialer/gesellschaftlicher Regeln; fehlendes Schuldbewusstsein („Andere sind immer schuld"); Neigung zu Gewalt; fehlendes Mitgefühl („eiskalt"); häufig in Kriminalität verwickelt
C	**ängstlich-vermeidende Persönlichkeitsstörung**	Drang, sich ständig Sorgen zu machen; Vermeidungsverhalten; Angst, vor Zurückweisung bei gleichzeitiger Sehnsucht nach Nähe
	zwanghafte (anankastische) Persönlichkeitsstörung	„Übergenauigkeit" („Pedanterie"); von starken Zweifeln geplagt; „Übervorsichtigkeit"; übermäßige Leistungsbezogenheit
	abhängige (dependente) Persönlichkeitsstörung	verminderte Selbstständigkeit; Vernachlässigung eigener Bedürfnisse zugunsten anderer; herabgesetzte Belastbarkeit; große Ängste, verlassen zu werden; starkes Bedürfnis nach Geborgenheit und Bindung

Besonders die **emotional-instabile Persönlichkeitsstörung** (Gruppe B) entsteht häufig aus frühkindlichen Traumatisierungen heraus, weil die Betroffenen massive emotionale Entbehrungen oder Misshandlung bis hin zu Vernachlässigung erlebt haben (vgl. Streeck-Fischer, 2019). So geben bis zu 84 % der Patient*innen mit einer Borderline-Persönlichkeitsstörung in Untersuchungen an, dass sie Erfahrungen mit elterlicher Vernachlässigung und emotionalem Missbrauch vor dem 18. Lebensjahr gemacht haben (vgl. Kohlböck, Jahnke-Majorkovi & Sevecke, 2024).

Persönlichkeitsstörungen können prinzipiell bereits **vor dem 18. Lebensjahr**, sprich: in der Adoleszenz **diagnostiziert** werden, die Diagnose sollte aber in der Praxis mit einer gewissen Vorsicht und unter Abwägung aller Indikatoren

(z. B. privates Umfeld) nicht zu früh im Leben gestellt werden, da sie die Betroffenen dazu verleiten kann, nicht mehr an sich arbeiten zu wollen *(„Ich bin persönlichkeitsgestört, was soll ich dagegen machen?")*. Auch kann sie zu einer Stigmatisierung im sozialen und beruflichen Umfeld führen.

Auf den Punkt: Frühkindliche Traumata können zu dauerhaften Veränderungen der Persönlichkeitsstruktur bis hin zu Störungen der Persönlichkeit bei den Betroffenen führen. Häufig sind Jugendliche, die eine emotional-instabile Persönlichkeitsstörung attestiert bekommen, bereits im Kindergarten- und Grundschulalter in Form einer Bindungsproblematik auffällig. Ergo: Die Bindungsstörung kann als der kleine Bruder der Persönlichkeitsstörung angesehen werden. Eine frühzeitige und angepasste Intervention ist angezeigt. Hier sollten Lehrkräfte bei Verdacht die Eltern ermutigen, professionelle Hilfe aufzusuchen.

4. Welche Hilfs- und Unterstützungssysteme stehen traumatisierten Kindern und Jugendlichen zur Verfügung?

4. Welche Hilfs- und Unterstützungssysteme stehen traumatisierten Kindern und Jugendlichen zur Verfügung?

Pädagogische Herausforderungen beim Umgang mit Kindern und Jugendlichen gehören bei vielen Erwachsenen und speziell bei Lehrkräften und Pädagog*innen zum beruflichen Alltag. Bei Kindern und Jugendlichen mit (teilweise schweren) Traumatisierungen ist der Wunsch der pädagogischen Fachkräfte nach professioneller Unterstützung deutlich ausgeprägter als beispielsweise bei reinen Erziehungs- oder Schulleistungsthemen, weil es häufig nicht Bestandteil ihrer Ausbildung war, traumatisierte Kinder adäquat zu fördern, zu unterstützen oder ihr Leid zu lindern. Im Folgenden werden gängige und spezialisierte Hilfsdienste dargestellt, die Sie bei Fragen rund um das Thema „Traumatisierungen" kontaktieren können.

Die Situation kann je nach Bundesland und Schulform etwas anders gelagert sein, beispielhaft wird in den folgenden Abschnitten von der Situation in Bayern ausgegangen.

4.1 Schulische Hilfsdienste

In der Regel sind Kinder und Jugendliche schulpflichtig, und somit haben alle Probleme, die diese Schüler*innen mit sich herumtragen, auch direkten Einfluss auf die Prozesse innerhalb der gesamten Schulfamilie. Daher ist es wichtig, zu wissen, wen man im schulischen Kontext bei Fragestellungen kontaktieren kann. Im Bereich Schule sind (in Bayern) viele verschiedene Fachdienste im Einsatz: **Schulpsycholog*innen, Beratungslehrkräfte, Sonderpädagog*innen (Mobiler Sonderpädagogischer Dienst)** sowie **Schulsozialarbeiter*innen** (eine ausführliche Darstellung der einzelnen Hilfsdienste mit Tätigkeitskatalog finden Sie in Prölß & Prölß, 2023).

Bei konkreten Fragestellungen rund um das Thema „Traumatisierung" sind die **Schulpsychologischen Beratungsstellen** die erste Anlaufstelle für Lehrkräfte, Eltern und Schüler*innen. Dort können neben einer **psychologischen Diagnostik** (z. B. Intelligenz, Konzentration, Schulleistungen, emotionale Störungen, Persönlichkeitsstörungen) auch **pädagogisch-psychologische Interventionen** (z. B. Durchführung eines Antiaggressionstrainings) durchgeführt werden. Denn die Mitarbeiter*innen besitzen meist therapeutische und/oder pädagogische Zusatzqualifikationen, beispielsweise die Heilerlaubnis für die Psychotherapie, Zertifizierungen in den Bereichen Supervision, Coaching, Notfallpsychologie und Krisenintervention.

Auf den Punkt: Schulpsychologische Beratungsstellen können eine erste Anlaufstelle im Kontext Schule sein, wenn es um die Abklärung von Traumatisierungen geht.

Unterstützt werden die Schulpsycholog*innen häufig von sogenannten **Beratungslehrkräften**. Diese speziell weitergebildeten Lehrkräfte sind befugt, neben der **Diagnostik der Schulleistung** (z. B. in den Fächern Deutsch und Mathematik) die kognitiven Leistungen sowie die Konzentrationsfähigkeit eines Schülers bzw. einer Schülerin zu überprüfen. Ferner werden Beratungslehrkräfte bei **Fragen zur Schullaufbahnberatung** aufgesucht.

Je nach Regelungen des Bundeslandes können u. U. **auch Lehrkräfte der Sonder- bzw. Förderschulen** zurate gezogen werden. In Bayern wurde im Zuge der Umsetzung der Inklusion für verschiedene Förderschwerpunkte (z. B. emotionale und soziale Entwicklung) der **Mobile Sonderpädagogische Dienst** eingerichtet, der direkt zu den Regelschulen kommt und die Lehrkräfte unterstützt. Diese Pädagog*innen können neben der erforderlichen **psychologisch-pädagogischen Diagnostik** vor allem **lösungsorientierte Beratung** dazu anbieten, wie einem Kind mit Einschränkungen speziell im Kontext Schule und Unterricht geholfen werden kann.

Neben den klassischen Lehrkräften gibt es auch pädagogisches Personal mit speziellen Kompetenzen, das man bei traumatisierten Kindern um Unterstützung bitten kann. Hierzu zählt die **Jugendsozialarbeit an Schulen (JaS)**, die das Bindeglied zwischen dem Jugendamt und der Schule darstellt. Die Hauptaufgaben dieser Fachkräfte beziehen sich auf die **Einzelfallhilfe** und unterliegen der Aufsicht des Jugendamtes. Die gesetzliche Grundlage hierfür bildet das Sozialgesetzbuch VIII (SGB VIII). Die sogenannten JaS'ler führen sehr häufig Einzelgespräche mit betroffenen Kindern und Jugendlichen und halten engen Kontakt zu den Familien. Zudem unterstützen sie die Familie beispielsweise bei administrativen Tätigkeiten.

Reflexion: Wo bekomme ich als Lehrkraft Hilfe?
Gehen Sie einmal kurz Ihre Ansprechpartner*innen im schulischen Bereich vor Ort durch. Kennen Sie, falls vorhanden, Ihre zuständigen Beratungsfachkräfte? Sind Ihnen die Kontaktdaten des Schulpsychologischen Diensts bekannt?

4.2 Psychologisch-medizinische Hilfsdienste

Neben der Unterstützung im schulischen Kontext wird gerade bei traumatisierten Kindern und Jugendlichen häufig professionelle therapeutische Hilfe außerhalb des Schulsystems benötigt. Im medizinischen und therapeutischen Bereich gibt es hierfür eine Reihe von Berufsgruppen, beispielsweise **Psychiater*innen**, **Psycholog*innen**, **Psychotherapeut*innen** und **Heilpraktiker*innen für Psychotherapie**, die stellenweise ganz verschiedene Qualifikationen vorzuweisen haben und sich somit auch in ihren angebotenen Leistungen unterscheiden.

KINDER- UND JUGENDPSYCHIATER*INNEN

Psychiater*innen haben **Medizin studiert** und eine mehrjährige **Facharztausbildung** im Bereich Psychiatrie absolviert. Viele Psychiater*innen haben zudem auch eine Fachweiterbildung in Neurologie bzw. in Psychotherapie abgeschlossen und dürfen sich danach „Ärztliche/r Psychotherapeut/in" nennen. Psychiater*innen können **körperliche Untersuchungen** durchführen, **Blut entnehmen**, **Laborwerte bestimmen**, **Arbeitsunfähigkeitsbescheinigungen ausstellen** und **Medikation verordnen.**

KINDER- UND JUGENDPSYCHOTHERAPEUT*INNEN

Die Berufsbezeichnung „Psychologe" bzw. „Psychologin" sagt nur aus, dass eine Person ein **Studium der Psychologie** (in der Regel einen Bachelor- und Master-Abschluss) an einer Universität erfolgreich abgeschlossen hat. Innerhalb dieses Studiums können sich die Student*innen auf verschiedene Fachbereiche spezialisieren, wie Schule, Wirtschaft, Verkehr oder den klinischen Bereich. Um aber als Therapeut*in arbeiten zu dürfen, bedarf es der **Approbation**, die nur nach einer speziellen mehrjährigen Fachweiterbildung in **einem anerkannten therapeutischen**

Verfahren erteilt wird. Mit diesem Abschluss erhalten die Absolvent*innen dann die Berufsbezeichnung „**Psychologische/r Psychotherapeut/in**", die gesetzlich geschützt ist. Ohne die psychotherapeutische Ausbildung dürfen Psycholog*innen nicht im therapeutischen Bereich tätig sein.

Auf den Punkt: Da es bei vielen Psychiater*innen und Psychologischen Psychotherapeut*innen eine lange Warteliste gibt, kann man in ganz dringenden Fällen über die deutschlandweite Notfallnummer 116 117 einen psychologischen Ersttermin beantragen, der spätestens nach zwei Wochen stattfinden muss.

HEILPRAKTIKER*INNEN FÜR PSYCHOTHERAPIE

Neben den bereits genannten Fachdiensten gibt es in Deutschland noch eine weitere Berufsgruppe, die mit Personen, die an psychischen Erkrankungen leiden, arbeiten dürfen. So gibt es die Möglichkeit, über das **Heilpraktikergesetz (HeilprG)** Psychotherapie auszuüben. Hierzu kann man beim **zuständigen Gesundheitsamt eine Prüfung** absolvieren, nach deren erfolgreichem Abschluss man sich „**Heilpraktiker/in für Psychotherapie**" nennen darf. Auch diese Berufsgruppe ist in der Regel in einem der vier anerkannten Psychotherapieverfahren ausgebildet. Sie dürfen sich aber nicht „Psychotherapeut/in" nennen, da dieser Begriff gesetzlich geschützt ist. Zumeist müssen Behandlungen bei Heilpraktiker*innen für Psychotherapie selbst bezahlt werden, da die Kosten von den Krankenkassen im Normalfall nicht übernommen werden.

Achtung: Bei den Personen, die Psychotherapie nach dem Heilpraktikergesetz (HeilprG) anbieten, gibt es erhebliche (qualitative) Unterschiede bezüglich beruflicher Grundausbildung (z. B. Studium der Psychologie versus Handwerkslehre) sowie Aus- und Weiterbildung. Daher lohnt es sich hier besonders, im Vorfeld Informationen über den Therapeuten bzw. die Therapeutin einzuholen.

4.3 Weitere Hilfsdienste

Neben den schulinternen sowie medizinisch-psychologischen Hilfsdiensten gibt es noch weitere Anlaufstellen, an die man Betroffene verweisen kann. Hierzu zählen neben staatlichen Instituten auch Beratungsstellen und Vereine.

DIE ÖRTLICHEN JUGENDÄMTER

Bei familiären Problemen und/oder auch bei Verdacht auf häusliche Misshandlungen und Vernachlässigungen kann und sollte auch das zuständige **Jugendamt** kontaktiert werden. Hier können verschiedenste Hilfsmaßnahmen **seitens der Erziehungsberechtigen beantragt werden**, diese Maßnahmen sind immer freiwillig. Darunter fallen Angebote, wie beispielsweise die Etablierung einer **sozialpädagogischen Familienhilfe (SPFH)**, die dabei hilft, den Alltag der Familie besser zu strukturieren (z. B. Unterstützung bei Erziehungsfragen). Es kann auch ein **Erziehungsbeistand** angefordert werden, der sich speziell um die Bedürfnisse des betroffenen Kindes kümmert. Finanziert werden können aber auch **Förderungen nach dem § 35 SGB VIII**, z. B eine Lerntherapie oder der Einsatz von Schulbegleiter*innen (vor allem bei Kindern mit sozio-emotionalen Auffälligkeiten sowie bei Bindungsstörungen).

ZENTREN FÜR TRAUMATISIERTE MENSCHEN

Zudem haben sich seit der Flüchtlingskrise 2015 **Traumahilfszentren** (nicht zu verwechseln mit Traumazentren mit unfallchirugischem Schwerpunkt) in vielen Städten etabliert. Diese Zentren werden häufig von privaten Vereinen getragen, in denen ehrenamtliche und stellenweise angestellte Fachexpert*innen arbeiten und die Betroffenen betreuen. Die Professionen sind hierbei **interdisziplinär**. Anzutreffen sind hier Psychologische und Ärztliche Psychotherapeut*innen, Heilpraktiker*innen für Psychotherapie oder auch speziell ausgebildete Traumapädagog*innen. Ziel ist es, die **verschiedenen Angebote und Kompetenzen im Bereich Trauma zu vernetzen**, den **Informationsaustausch** zu fördern und Betroffenen als **Anlaufstelle** zur Verfügung zu stehen. In der Regel bieten diese Zentren keine langfristigen Traumatherapien an.

Ebenfalls kann man sich als Betroffene*r an die **Traumaambulanzen der Universitäten** (manchmal auch psychotherapeutische Hochschulambulanzen genannt) wenden. Diese Ambulanzen sind häufig **Einrichtungen der Lehrstühle für Klinische**

Psychologie und werden von diesen auch wissenschaftlich betreut. Sie sind auf die **psychologische Diagnostik** und **psychotherapeutische Behandlung** von Traumafolgestörungen bei Kindern, Jugendlichen und Erwachsenen spezialisiert. Das Team dieser Ambulanzen besteht in der Regel aus Psychologischen Psychotherapeut*innen und Studierenden der Psychologie.

BERATUNGSSTELLEN UND VEREINE

Ferner gibt es auch in vielen Städten **Psychologische Beratungsstellen** (z. B. von der Diakonie, der Caritas, der Katholischen Jugendfürsorge), an die sich Familien und auch Jugendliche selbst wenden können, wenn es z. B. **Probleme im häuslichen Umfeld** gibt. Hier können dann Sitzungen im Einzel- oder Gruppensetting stattfinden. Gelegentlich kommen die Mitarbeitenden auch zu den Familien nach Hause, um diese vor Ort zu unterstützen. Der Vorteil dieser Einrichtungen ist, dass die **Beratungen in der Regel kostenlos** sind und die Klient*innen über **einen längeren Zeitraum**, unabhängig von der beruflichen und familiären Situation, **betreut** werden können. Hier trifft man interdisziplinäre Teams an: von Psychologischen Psychotherapeut*innen über Systemische Therapeut*innen, Sozialarbeiter*innen, Traumapädagog*innen bis hin zu Gesprächstherapeut*innen.

Es gibt auch Vereine, die sich speziell auf Notsituationen von Kindern und Jugendlichen spezialisiert haben. So können sich Kinder und Jugendliche, die von **sexualisierter Gewalt** betroffen sind/waren, an eine Ansprechperson des **Weißen Rings e. V.** wenden. Bei den über 400 Anlaufstellen in Deutschland kann **Beratung vor Ort**, aber auch über ein **Opfer-Telefon** sowie über eine **Online-Beratung** in Anspruch genommen werden. Zudem bietet der Weiße Ring e. V. den Betroffenen Unterstützung in den folgenden Bereichen an: persönliche Betreuung und menschlicher Beistand nach einer erlittenen Straftat, Begleitung zu Terminen bei Polizei, Staatsanwaltschaft, Gericht oder sonstigen Behörden, allgemeine Hilfestellung im Umgang mit Behörden und finanzielle Unterstützung zur Überbrückung tatbedingter Notlagen. Neben der Betreuung bietet der Weiße Ring e. V. auch Informationen rund um **Opferrechte**, das **Opferentschädigungsgesetz** und allgemein **rechtliche Hilfestellungen** an.

4.4 Was geschieht bei einer psychologischen Untersuchung? Ein kurzer Überblick

Wie bereits in den anderen Kapiteln erläutert, ist jede Traumatisierung mit ihren Ursachen und Symptomen sehr individuell zu betrachten. Da viele traumatische Erlebnisse tief in der seelischen Architektur des betroffenen Menschen verankert sind (siehe Kapitel 1.6) und auch der Begriff „Trauma" im alltäglichen Sprachgebrauch gerne inflationär verwendet wird, sollte die Diagnosestellung immer durch Expert*innen, wie Kinder- und Jugendpsychotherapeut*innen, Kinder- und Jugendpsychiater*innen oder speziell ausgebildeten Traumatherapeut*innen, erfolgen. Da es sich dabei um einen sehr umfangreichen diagnostischen Prozess handelt, bei dem manchmal auch Lehrkräfte, Schulpsycholog*innen und Schulsozialarbeiter*innen befragt werden, sei dieser im folgenden Kapitel kurz skizziert. Eine psychologisch-diagnostische Untersuchung besteht in der Regel aus mehreren Bestandteilen (siehe Abb. 8), denen je nach Sachverhalt unterschiedlich viel Raum eingeräumt wird.

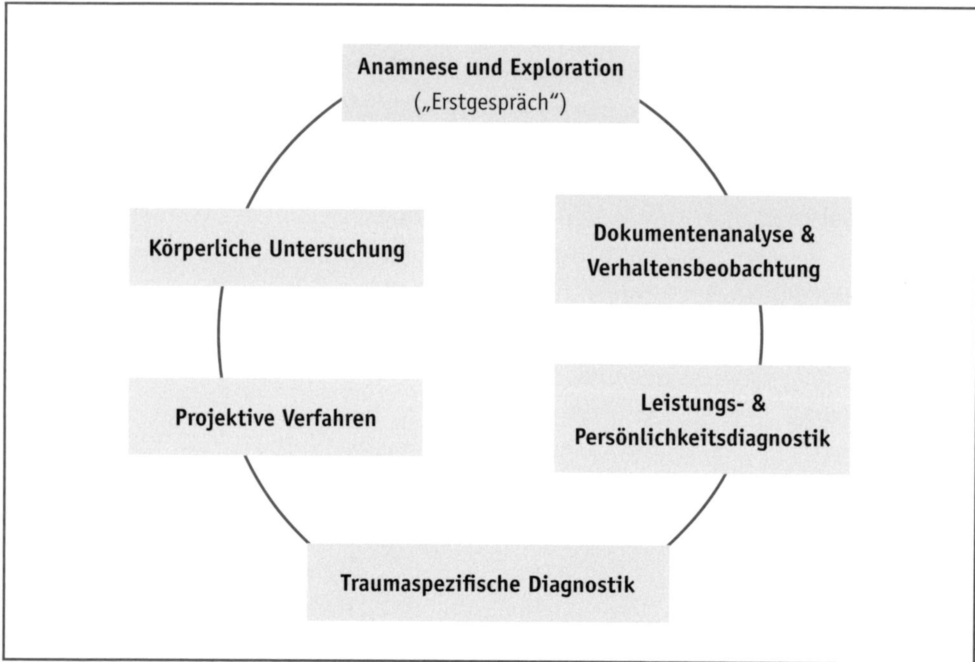

Abb. 8: Der diagnostische Prozess bei Verdacht auf Traumatisierungen

ANAMNESE UND EXPLORATION

In der psychologischen Diagnostik stellt das sogenannte „**Erstgespräch**" den Beginn der psychologischen Diagnostik da, bei dem eine **Anamneseerhebung**, also eine gesprächsweise Erkundung der medizinischen Vorgeschichte, erfolgt. Auch wird eine **Explorationsbefragung** durchgeführt, eine sprachliche Erkundung des Umfeldes sowie der aktuellen Symptomatik des Schulkindes. Diese erste Kontaktaufnahme erfüllt gleich mehrere Ziele: Zum einen kann bereits hier der Grundstock für eine vertrauensvolle (therapeutische) Beziehung zwischen Kind/Jugendlichem, Eltern und Diagnostiker*in gelegt werden – was wiederum für die Durchführung von späteren Interventionsmaßnahmen sinnvoll ist. Zum anderen dient sie dem Erhalt von wichtigen Informationen, beispielsweise über die Familiengeschichte, Vorerkrankungen oder aktuelle Problemsituationen zu Hause oder in der Schule, die bei der Entstehung bzw. Aufrechterhaltung der Symptomatik maßgeblich sein könnten.

Auf den Punkt: Ein gut strukturiertes und umfangreiches Erstgespräch ist eines der wichtigsten Instrumente im Bereich der psychologischen Diagnostik. Hier kann man neben dem Erhalt von biografischen und medizinisch-psychologischen Fakten vor allem die Interaktion der Eltern mit ihrem Kind beobachten und daraus wichtige Erkenntnisse gewinnen.

Eine sehr beliebte Methode in der Ermittlung vergangener Traumata ist die **Biografiearbeit.** Familien, die schweren Krisen ausgesetzt sind oder waren, haben in der Regel eine lange Geschichte mit einer Vielzahl von bereits involvierten Unterstützer- und Helfersystemen sowie Abbrüchen von Hilfsmaßnahmen vorzuweisen, was dazu führt, dass man beim Erstgespräch oft mit einer regelrechten Informationsflut an Berichten, Dokumentationen usw. konfrontiert wird. Die erste Aufgabe der Diagnose muss es daher sein, die Komplexität an Informationen auf ein sinnvolles Maß zu reduzieren.

Hier gilt es, die Berichte und Dokumentationen mit der diagnostischen Brille zu sichten, um Indikatoren für Traumatisierungen zu ermitteln. Häufig ist es sinnvoll, dass der*die Diagnostiker*in mit den Eltern gemeinsam oder dem*der Betroffenen selbst eine Lebenslinie zeichnet, um die verschiedenen Stationen im Leben, bereits aktivierte Hilfen sowie Ressourcen zu identifizieren (siehe Abb. 9).

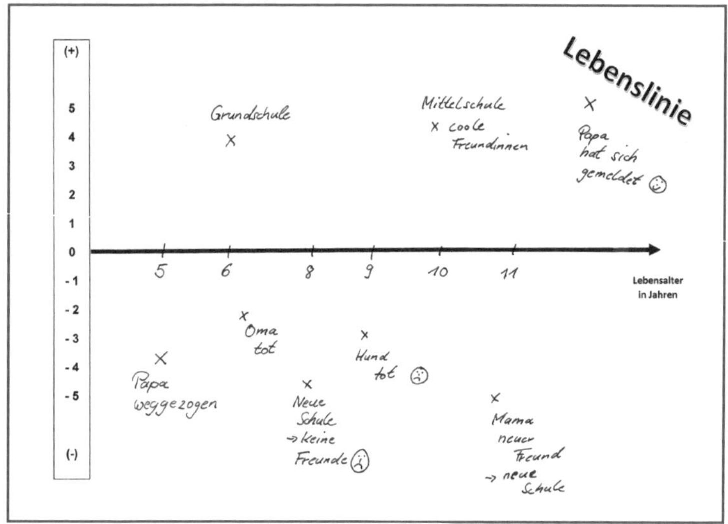

Abb. 9: Mögliche Lebenslinie einer 12-jährigen Schülerin (nachgezeichnete Darstellung typischer Motive[7])

Typisch für die Verläufe von Betroffenen mit einer **Misshandlungs- und Vernachlässigungsgeschichte** und gleichzeitig Symptomen einer komplexen Traumafolgestörung sind häufige **Bindungsverluste** (z. B. wechselnde Bezugspersonen) sowie **Wohnort- und Schulwechsel.** Häufig fällt auch auf, dass viele sozialpädagogische Hilfsmaßnahmen und Therapieversuche fremdinitiiert und sehr früh abgebrochen wurden, da das Familiensystem und/oder der*die Täter*in Hilfen zu vereiteln versuchte.

DOKUMENTENANALYSE UND VERHALTENSBEOBACHTUNG

Häufig bereits vor, aber spätestens nach dem Erstkontakt findet auch eine **Dokumentenanalyse** statt. Neben dem Erstgespräch bietet diese wichtige Anhaltspunkte für das Problemverhalten, etwaige Ursachen sowie weitere ungünstige bzw. günstige Einflussfaktoren. So kann bei Klein- und Vorschulkindern z. B. das Heft der Vorsorgeuntersuchung genauer betrachtet werden. Bei Schulkindern und Jugendlichen bietet sich ein Blick in die Schulzeugnisse an, die neben einem Überblick über die aktuellen schulischen Leistungen Einblicke in das Sozial- und Lernverhalten des Schulkindes ermöglichen. Die Sichtung bereits erhobener Befunde (z. B. Arztbriefe) gehört ebenfalls zur Dokumentenanalyse.

---

[7] *Aus Datenschutzgründen wurden hier und im Folgenden keine Original-Kinderzeichnungen aus dem therapeutischen Kontext verwendet. Die Zeichnungen bilden typische von Kindern gezeichnete Situationen in ähnlicher Form ab.*

Manchmal können auch im Schullalltag entstandene Zeichnungen Hinweise auf eine Traumatisierung bieten. So können (ohne Anleitung durch eine Lehrkraft) gezeichnete Bilder von Schüler*innen erste Hinweise auf einen kritischen Vorfall im Leben eines Kindes liefern (siehe Abb. 10). Das folgende Bild zeigt die Rachegedanken eines Schülers, der von seinem Stiefvater misshandelt wurde.

Abb. 10: Zeichnung eines 7-jährigen Jungen in der Vorviertelstunde (nachgezeichnete Darstellung typischer Motive)

Vor allem Kinder versuchen, über Zeichnungen Kontakt mit der Außenwelt aufzunehmen, weil es ihnen schwerfällt, bedrohliche oder schambehaftete Ereignisse zu verbalisieren. Zudem fungiert das Malen als eine Art der Traumabewältigung.

Im weiteren Verlauf kann bei Kindern und Jugendlichen mit Verdacht auf eine Traumatisierung eine **Verhaltensbeobachtung** notwendig sein, die der möglichst objektiven Beschreibung des Problemverhaltens dient. Solche Verhaltensbeobachtungen werden in der Regel in der Klinik bzw. in der Praxis selbst durchgeführt. Es kommt aber auch immer wieder vor, dass die Diagnostiker*innen eine Einschätzung seitens der Schule benötigen. Diese schulischen Beobachtungen werden häufig von Schulpsycholog*innen oder Schulsoziarbeiter*innen durchgeführt. Möglich ist ebenfalls, dass Lehrkräfte gebeten werden, ihre eigenen (Verhaltens-)Beobachtungen aus dem Unterricht weiterzugeben. Neben den selbst durchgeführten Schülerbeobachtungen können für diesen Bereich auch standardisierte Beobachtungsbögen verwendet werden, die den betroffenen Lehrkräften zugesandt werden.

LEISTUNGS- UND PERSÖNLICHKEITSDIAGNOSTIK

Standardmäßig wird bei Psychiater*innen und Psycholog*innen eine **Leistungs- und Persönlichkeitsdiagnostik** durchgeführt. Bei einem **Leistungstest** müssen die Kinder und Jugendliche verschiedene Aufgaben lösen, etwa aus den Bereichen logisches Denken, Arbeitsgedächtnis, visuell-räumliches Denken usw. Anhand der erreichten Leistungen kann man bestimmte Kennwerte, wie die Intelligenz oder die Konzentrationsfähigkeit einer Person, berechnen. Eine spezielle Form dieser Diagnostika sind die Schulleistungstests, die Kompetenzen bzw. Inhalte der schulischen Curricula in den Fächern Deutsch und Mathematik abprüfen.

Bei Bedarf können auch weitere Testverfahren eingesetzt werden, um spezielle **Persönlichkeitsmerkmale** eines Kindes oder eines*einer Jugendlichen genauer zu erfassen. Hierzu werden in der Regel Fragebogen eingesetzt, die von den Klient*innen selbst ausgefüllt werden müssen. Die untersuchten Bereiche beziehen sich unter anderem auf die Bereiche Motivation, Selbstwert sowie spezielle Persönlichkeitseigenschaften, wie Empathie, Umgang mit Stresserleben usw.

Abb.: © Pita Design – Shutterstock.com

TRAUMASPEZIFISCHE DIAGNOSTIK

Für die spezifische **Diagnostik von Traumafolgestörungen** werden in der Regel Fragebogen eingesetzt, die entweder vom Kind oder dem*der Jugendlichen selbst (Selbstbeurteilung) oder von Dritten (z. B. Eltern, Lehrkräfte; Fremdbeurteilung) ausgefüllt werden. Für die Erfassung früher traumatischer Erlebnisse hat sich international die Kurzversion des „**Childhood Trauma Questionnaire (CTQ)**“ durchgesetzt, die Aspekte kindlichen Missbrauchs und Vernachlässigung erfasst. Dieser Fragebogen kann für Kinder und Jugendliche bis zum 18. Lebensjahr angewendet werden. Es werden mit 31 Fragen folgende Bereiche erfasst: emotionaler Missbrauch, körperliche/physische Misshandlung, sexuelle Gewalt/sexueller Missbrauch, emotionale Vernachlässigung, körperliche/physische Vernachlässigung, Bagatellisierung von Missbrauchserfahrungen und Inkonsistenzerfahrungen in der Ursprungsfamilie.

Neben dem Fragebogen CTQ, der speziell die Bereiche kindlichen Missbrauchs und Vernachlässigung erfasst, gibt es auch umfassendere Verfahren. Zu diesen Instrumenten gehört beispielsweise die **„Skala zur Erfassung belastender Kindheitserfahrungen“** (KERF), die aus 75 Fragen besteht und insgesamt zehn Bereiche untersucht: körperliche Gewalt durch Eltern, nonverbale emotionale Gewalt durch Eltern, sexuelle Gewalt durch Eltern/fremde Erwachsene/Gleichaltrige, emotionale Vernachlässigung, körperliche Vernachlässigung, bezeugte körperliche Übergriffe auf Eltern, bezeugte Übergriffe auf Geschwister, emotionale Gewalt durch Gleichaltrige und körperliche Gewalt durch Gleichaltrige.

Der **„Child and Adolescent Trauma Screen“** (CATS) ist ein Verfahren zur Erfassung einer PTBS bei Kindern und Jugendlichen im Alter von 7 bis 17 Jahren. Es liegt in einer Selbst- und Fremdeinschätzungsform vor und ist in drei Teile gegliedert. Zunächst wird mit einer Liste von 15 Items das Vorliegen eines traumatischen Ereignisses abgefragt. Anschließend werden mittels 20 Fragen auf einer 4-stufigen Häufigkeitsskala die Symptome einer PTBS erfasst. Im letzten Teil des CATS wird mit fünf Items das Vorliegen funktionaler Einschränkungen in wichtigen Lebensbereichen erfasst.

PROJEKTIVE VERFAHREN

Neben den standardisierten Diagnostika, wie Testverfahren, Frage- und Beobachtungsbogen, bilden die **projektiven Verfahren**, die ihren Ursprung in der psychoanalytischen und tiefenpsychologischen Therapie haben, eine wichtige Ergänzung bei der Feststellung von (frühkindlichen) Traumatisierungen. Bei einem projektiven Verfahren werden Äußerungen, Zeichnungen oder Reaktionen der Klient*innen einer Deutung unterzogen, davon ausgehend, dass die Person in diese Ausdrucksformen innere Zustände projiziert, auf die sie nicht direkt zugreifen kann.

Ein bekanntes Verfahren, das auch im pädagogischen Kontext häufig verwendet wird, ist das **zeichnerische Gestaltungsverfahren „Familie in Tieren“** (FiT; Brem-Gräser, 2011). Der FiT-Test entstand aus der Praxis der Erziehungsberatung heraus und soll im Wesentlichen die Stellung eines Kindes im Familienkontext verdeutlichen und in diesem Zusammenhang die **unbewusste Selbsteinschätzung des Kindes** im Verhältnis zu seinem Umfeld aufzeigen. Die Familie ist der Ort der primären Sozialisation des Kindes. Die gezeichnete Tierfamilie wird als Projektionsträger der erlebten Familienverhältnisse verstanden, die Rückschlüsse auf die teils unbewusste Struktur und Dynamik innerhalb der Familie zulassen. Mit dem Test werden hauptsächlich Aspekte wie Geborgenheit, Bindung, Kontakt und Machtverhältnisse innerhalb der Familie bildlich dargestellt. Geeignet ist dieses Testverfahren besonders für Kinder im Kindergarten- und Grundschulalter. Die Auswertung erfolgt anhand formaler (z. B. Strichführung, Farbenverwendung) und inhaltlicher Kriterien (z. B. Anordnung und Auswahl der Tiere). Die Äußerungen des Kindes während des Malprozesses sowie anschließende Erklärungen fließen ebenfalls in die Interpretation ein.

Das folgende Beispiel (Abb. 11) einer 7-jährigen Grundschülerin vermittelt einen ersten Einblick in die Interpretation eines Bildes, das nach Vorgaben des FiT-Verfahrens entstanden ist. Auffällig sind die drei bunten Schmetterlinge am oberen linken Rand. Zudem wurde ein schwarzer Vogel in die untere rechte Ecke gezeichnet. Die Schmetterlinge fliegen in der Luft (gemeinsame Aktion) und bilden phänotypisch eine Einheit, es ist also die gleiche Tierart dargestellt. Der Vogel wirkt abseits, er scheint das Geschehen nur zu beobachten.

Abb. 11: Mögliches Ergebnis einer 7-jährigen Grundschülerin beim Testverfahren „Familie in Tieren" (nachgezeichnete Darstellung typischer Motive)

Auf die Frage, welches Tier welches Familienmitglied darstellt, antwortete die Schülerin, dass der kleine grüne Schmetterling in der Mitte sie selbst ist, die zwei anderen Schmetterlinge sind Oma und Opa. Der Vogel ist eine Krähe und symbolisiert die Mutter. Das Mädchen wurde hauptsächlich von den Großeltern betreut und erzogen, da die Mutter ungewollt schwanger wurde und wenig Interesse am Kind hatte. Die Krähe wurde gewählt, weil diese Vogelart nach der Vorstellung des Kindes immer pickt und andere ärgert (*„Mama schimpft nur, wenn sie mal zu Hause ist!“*).

Auf den Punkt: Projektive Verfahren stellen eine wichtige Ergänzung zu den gängigen psychologischen Testverfahren dar, weil damit ein Zugang zu unbewussten Prozessen und Konflikten gewonnen werden kann. Allerdings lassen diese Verfahren auch viel Raum für Fehl- und Falschinterpretationen und daher dürfen diese Verfahren nur von speziell ausgebildeten Psycholog*innen durchgeführt werden.

KÖRPERLICHE UNTERSUCHUNG

Neben der psychologischen Untersuchung muss in der Regel auch immer eine **medizinisch-körperliche** Untersuchung erfolgen. Psychiater*innen dürfen als ausgebildete Fachkräfte der Humanmedizin bzw. Psychiatrie beide Untersuchungen selbst durchführen. Bei Verdacht auf einen sexuellen oder körperlichen Missbrauch sind körperliche Untersuchungen, zum einen wegen der Ermittlung des körperlichen Allgemeinzustandes (z. B. Ernährungszustand, Reflexe usw.) und zum anderen für die Beweissicherung wichtig. Daneben ist es auch immer sinnvoll, bei Symptomen der Übererregung (z. B. Gereiztheit, Konzentrationsprobleme, Schlafstörungen) die Blutwerte untersuchen zu lassen.

Abb.: © Valenty – Shutterstock.com

Achtung: Trotz vielleicht eindeutig wirkender Hinweise auf eine Misshandlung oder einen Missbrauch in Form von Schülerzeichnungen, Äußerungen etc. sollten Lehrkräfte niemals vorschnell handeln, um Vorverurteilungen, Verleumdungen, Stigmatisierungen oder falschen Verdächtigungen vorzubeugen. Man sollte sich also immer bei einem Verdacht an die entsprechenden Hilfsstellen (siehe Kapitel 4) wenden, die dann die nötigen Schritte einleiten.

Liegt einer Traumatisierung eine andere Ursache (z. B. Verkehrsunfall, Todesfall in der Familie oder im engen Umfeld, Umweltkatastrophe, Flucht vor Krieg) zugrunde, kann der diagnostische Prozess auch kürzer ausfallen, da die Gründe für ein Problemverhalten oder eine bestimmte Symptomatik sowohl dem Kind als auch der Außenwelt eher bewusst sind und nicht erst wie bei Missbrauchsfällen häufig durch projektive Verfahren dem Bewusstsein zugänglich gemacht werden müssen.

5. Wie kann Betroffenen geholfen werden? (Traumatherapie und Traumapädagogik)

5. Wie kann Betroffenen geholfen werden? (Traumatherapie und Traumapädagogik)

Traumatisierte Kinder und Jugendliche brauchen häufig neben einer allgemein wohlwollenden Unterstützung in der eigenen Familie sowie im schulischen Bereich zusätzlich professionelle Hilfe. Da es auf dem deutschsprachigen Markt sehr viele und mannigfache Angebote zur Aufarbeitung von Traumata gibt, wird im folgenden Kapitel ein kurzer Überblick über die wichtigsten Fachrichtungen gegeben.

5.1 Die Traumatherapie

Die Traumatherapie ist eine spezielle Fachrichtung innerhalb der Psychotherapie, die sich speziell mit der Unterstützung von traumatisierten Menschen beschäftigt. Aktuell gibt es in Deutschland vier psychotherapeutische Richtlinienverfahren, die nach dem Gemeinsamen Bundesausschuss über die Durchführung der Psychotherapie genehmigt sind: **Verhaltenstherapie (VT)**, **Systemische Therapie**, **Psychoanalyse (PA)** und die **tiefenpsychologisch fundierte Psychotherapie (TP)**, wobei die letzteren häufig zur **Psychodynamischen Therapie** zusammengefasst werden.

Zudem gibt es noch **weitere Therapieverfahren**, die sich bei der Behandlung von Traumatisierungen bewährt haben, aber nicht im Leistungskatalog der Krankenkassen gelistet sind. Das bedeutet, dass die Betroffenen die Kosten für solche Leistungen selbst tragen müssen. Unter diese Methoden fallen beispielsweise die **Hypnose-** oder die **Kunsttherapie**.

Bei den zwei klassischen Therapierichtungen gibt es hinsichtlich der Behandlungsweise leichte Unterschiede. Bei einem **verhaltenstherapeutischen Vorgehen** (vgl. Cohen, Mannarino & Deblinger, 2009) sind die klassischen Elemente

- **imaginative Exposition** (Auseinandersetzung mit den Trauma-Erinnerungen),
- **Exposition in vivo** (Konfrontation mit angstauslösenden Reizen und die Feststellung, dass diese im heutigen Kontext keine Gefahr mehr darstellen) und
- die **kognitive Umstrukturierung** (Veränderung dysfunktionaler Denkmuster und Annahmen).

Bei tiefenpsychologisch geprägten Methoden, wie der **Psychodynamisch Imaginativen Traumatherapie** (PITT; vgl. Reddemann, 2004) wird in nachfolgenden Schritten vorgegangen:

- **Stabilisierung** (Stabilisierung der Psyche mit Techniken der Imagination),
- **Traumabearbeitung** (schrittweise Annäherung und Benennung der traumatischen Gefühle) und
- **Integration** (Loslassen von unangenehmen Gefühlen und Versuch der Klärung der Sinnfrage des kritischen Ereignisses).

5.2 Die Traumapädagogik

Die Traumapädagogik ist eine junge wissenschaftliche Disziplin und hat sich erst seit den 1990er-Jahren in der Pädagogik und in der Psychologie etabliert. Als Ursprung wird häufig die Enttabuisierung von sexuellem Missbrauch genannt. Mittlerweile hat sich das Fachgebiet erweitert und beschäftigt sich mit jeglicher Form von Gewalt, angefangen bei emotionaler Deprivation in der Kindheit, über Bindungsstörungen, Gewalttaten bis hin zu Themen wie „Migration" und „Flucht". Während im Rahmen einer Psychotherapie ein erlebtes Trauma mithilfe verschiedener therapeutischer Methoden aufgearbeitet wird, liegt bei der Traumapädagogik der Fokus auf der pädagogischen Unterstützung traumatisierter Kinder und Jugendlicher im Alltag. **Es geht darum, den Betroffenen nach einem erlebten Trauma möglichst positive Erfahrungen zu ermöglichen, die dazu beitragen sollen, dass sie in einem geschützten Rahmen wieder Kräfte und u. U. neuen Lebensmut sammeln können.** Kurz gesagt: Ein traumatisiertes Kind soll sich nach einem schrecklichen Erlebnis in der Schule (wieder) genauso wohlfühlen wie alle anderen Kinder in seiner Klasse. Während aber bei nicht traumatisierten Kindern die „Ziele" (z. B. Integration in die Klassengemeinschaft, Vertrauen in die Institution Schule, Glaube an die eigenen schulischen Kompetenzen) meist beiläufig durch den regulären Ablauf, die täglichen Routinen und Rituale, vertrauensvolle und freundliche Lehrerpersönlichkeiten und eine gute Klassengemeinschaft erreicht werden, muss die Lehrkraft bei einem traumatisierten Kind in der Regel aktiv Maßnahmen ergreifen, um eine positive Atmosphäre herzustellen. Dabei muss es sich keineswegs um hochkomplexe therapeutische Methoden handeln. Oft können schon gezielte Handlungen oder Äußerungen, die von Empathie, Wertschätzung und Wohlwollen geprägt sind, Betroffenen in einer Krisensituation helfen. Man sollte sich also bewusst sein, dass ein traumatisiertes Kind von seiner Lehrkraft in erster Linie positive Rückmeldungen benötigt, um sich in der Schule (wieder) wohlzufühlen (z. B. *„Ich bin froh, dass du wieder in die Schule kommst.", „Ich bin für dich da."*).

Die Äußerungen, Maßnahmen und das Verhalten der Lehrkraft in Bezug auf das betroffene Kind sollten sich dabei auf die folgenden drei Elemente beziehen, die sich unabhängig von jeglicher pädagogischen oder psychologischen Schule bei allen traumapädagogischen Konzepten bei der Arbeit mit traumatisierten Kindern und Jugendlichen als sinnvoll erwiesen haben. So empfehlen beispielsweise Imm-Bazlen und Schmieg (2017), sich an den Bereichen Vermittlung von Sicherheit, Aufbau von Bindungssicherheit und Vertrauen und Stabilisierung des*der Betroffenen zu orientieren. Müller (2021) beschreibt in seinen tiefenpsychologisch geprägten Büchern ähnliche Bereiche (siehe Abb. 12):

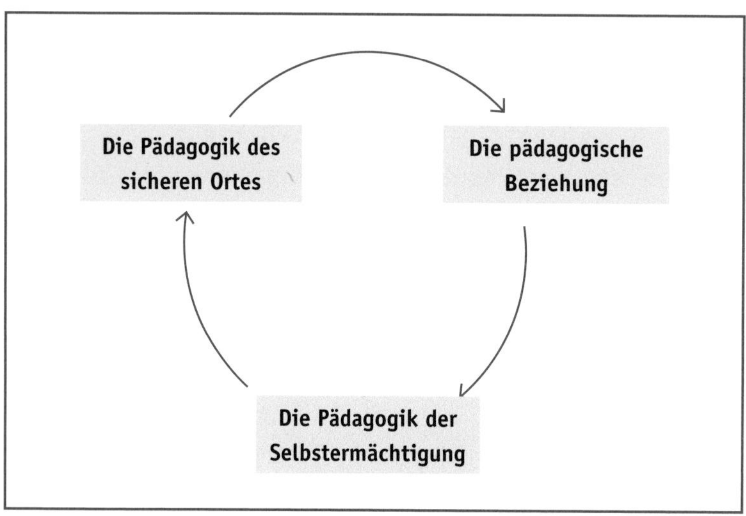

Abb. 12: Die drei zentralen Elemente der Traumapädagogik nach Müller (2021, S. 218 ff.)

DIE PÄDAGOGIK DES SICHEREN ORTES

Die Pädagogik des sicheren Ortes ist ein zentrales Konzept fast aller traumapädagogischen Konzepte, weil gerade das Gefühl äußerer Sicherheit, z. B. in der Wohnung oder Schulklasse, die Grundlage für innere Sicherheit bietet. Hierzu zählen neben **räumlichen Sicherheiten** (z. B. Rückzugsmöglichkeiten für betroffene Kinder und Jugendliche) auch **pädagogische Maßnahmen**, beispielsweise dass betroffene Schulkinder eine behutsame und geduldige Unterstützung durch die Lehrkraft oder Sozialarbeiter*in erhalten. Einen sicheren Ort muss es aber ebenfalls für Lehrkräfte und Pädagog*innen geben, die mit betroffenen Kindern arbeiten. Das bedeutet, dass diese Berufsgruppen auch fachliche Unterstützung sowie Entlastung erhalten sollen.

Abb.: © tetiana_u – Shutterstock.com

DIE PÄDAGOGISCHE BEZIEHUNG

(Pädagogische) Bindungen sind das Fundament für eine gesunde psychische Entwicklung. Entsprechend basiert die Arbeit mit Kindern und Jugendlichen, aber auch mit traumatisierten Erwachsenen zum großen Teil auf einer **Bezugspersonenarbeit**. Das gilt ganz besonders für den Aufbau von tragfähigem Vertrauen. Diese pädagogischen Beziehungsangebote sind im Kontext potenzieller Traumatisierungen und im Bereich der Traumapädagogik von fundamentaler Bedeutung (siehe Kapitel 6.2).

Auf den Punkt: Der Beziehungsaufbau und die Arbeit an und in der Beziehung sind in der Traumatherapie sowie in der Traumapädagogik der wichtigste Beitrag für eine gelingende Heilung.

DIE PÄDAGOGIK DER SELBSTERMÄCHTIGUNG

Traumatisierte Kinder und Jugendliche haben häufig in extremer Weise Abhängigkeit, Hilflosigkeit und Ohnmacht erfahren und daher muss man die Betroffenen wieder in die Lage versetzen, sich aus **den aktuellen Abhängigkeiten zu befreien, zukünftige zu vermeiden und ihr Leben selbst in die Hand nehmen zu können.** Darunter fallen alle Maßnahmen zur **Stärkung des Selbstvertrauens, der Steigerung des Selbstwertes, Sensibilisierung für Körperempfindungen und Gefühle, Förderung der Selbstregulation** sowie die **Vermittlung von konkreten Strategien**, beispielsweise Tipps, die Betroffene bei einer angehenden Dissoziation im Klassenzimmer anwenden können.

6. Was ist im Umgang mit traumatisierten Schüler*innen im Unterricht zu beachten?

6. Was ist im Umgang mit traumatisierten Schüler*innen im Unterricht zu beachten?

Viele Lehrkräfte wünschen sich angesichts diverser Herausforderungen häufig ein „Wundermittel", um ihre Schüler*innen adäquat unterstützen zu können. Dabei unterschätzen viele Lehrkräfte die eigenen Fähigkeiten und Möglichkeiten, die ihnen bereits zur Verfügung stehen. Im folgenden Abschnitt geht es zum einen darum, Ihr Handlungsrepertoire mit gezielten und hilfreichen Angeboten zu erweitern, um traumatisierten Schüler*innen einen geschützten und wohlwollenden Rahmen zu bieten, in dem sie sich optimal und individuell entfalten können. Zum anderen geht es darum, wie Sie mit auftretenden Symptomen einer Traumatisierung und anderen Herausforderungen im Klassenalltag umgehen können.

6.1 Wie gestalte ich Einzelgespräche mit Betroffenen?

Im Idealfall wird eine Lehrkraft bereits im Vorfeld über einen kritischen Vorfall informiert (z. B. durch die Schulleitung, die Eltern, das Kriseninterventionsteam oder den Schulpsychologen bzw. die Schulpsychologin). Bevor das Kind die Schule (wieder) besucht oder der Unterricht beginnt, sollte man mit diesem ein kurzes Gespräch über die aktuelle Situation führen. Unabhängig davon, welche traumatischen Erlebnisse Kinder und Jugendliche gemacht haben, ob Fluchterfahrung, Klinikaufenthalt nach häuslicher oder sexueller Gewalt, Todesfall in der Familie, ist das pädagogische Vorgehen beim Einzelgespräch identisch. Man kann sich hierfür am sogenannten **BELLA-Konzept** (vgl. Sonneck, Kapusta, Tomandl et al., 2016, S. 105 ff.) orientieren. Dieses Konzept kann jederzeit für ein klärendes Einzelgespräch verwendet werden, auch wenn die Traumatisierung bereits länger zurückliegt (z. B. spätes Bekanntwerden einer Misshandlung in früheren Jahren) oder Sprachbarrieren ein Gespräch beim ersten Aufeinandertreffen unmöglich gemacht haben.

Die einzelnen Buchstaben von BELLA verweisen auf die fünf Basisinterventionen:

- B steht für **Beziehung** aufbauen;
- E für **Erfassen** der Situation;
- L für **Linderung** der Symptomatik;
- L für **Leute** einbeziehen, die unterstützen;
- A für **Ansatz** zur Problembewältigung (siehe Tab. 3.).

Tab. 3.: Das Einzelgespräch mit traumatisierten Kindern und Jugendlichen nach der BELLA-Methode

	Bereich	Maßnahmen
B	**Beziehungsaufbau**	● humanistische Grundhaltung: Ich nehme den Menschen an, wie er ist. ● Verzicht auf argumentierendes Diskutieren ● Verzicht auf das Anlegen eigener Wertmaßstäbe ● Orientierung an den Bedürfnissen des*der Betroffenen ● Aufbau einer kooperativen Beziehung
E	**Erfassen der Situation**	● konkreter Anlass (Ereignisse, Folgen, betroffene Personen) ● physischer Zustand (Schlaf, Ernährung, Beschwerden) ● psychischer Zustand (Gefühle, Kommunikationsfähigkeit, Selbstwert, Denkfähigkeit) ● Vorliegen ähnlich erlebter Ereignisse
L	**Linderung von Symptomen**	● Ermutigung des*der Betroffenen, Gefühle zuzulassen • Symptome sind Warnsignale des Körpers und eine natürliche Reaktion auf die belastende Situation. • Eine Verdrängung von Gefühlen birgt die Gefahr einer Dissoziation.

L	**Linderung von Symptome**	• angemessener Umgang mit Schuldgefühlen, evtl. professionelle Unterstützung • Unterstützung bei der Anwendung von beispielsweise Entspannungstechniken
L	**Leute einbeziehen**	• Aktivierung sozialer Ressourcen • Überprüfung der Tragfähigkeit der familiären Beziehungen bei Kindern und Jugendlichen
A	**Ansätze zur Lösung**	• Strukturierungshilfen für die Alltagsbewältigung (z. B. Tagesplan für die nächsten Tage) • Hilfestellungen bei Entscheidungen • Bearbeiten von Blockaden • Verweis an schulinterne und schulexterne Hilfsangebote • Anknüpfen an Lösungsstrategien/-kompetenzen des*der Betroffenen (Aktivierung!)

6.2 Was können Sie im Unterricht tun?

Traumatisierte Kinder und Jugendliche haben aufgrund ihrer Erfahrungen viele emotionale Beeinträchtigungen und soziale Einschränkungen. Um allen betroffenen Kindern und Jugendlichen mit ihren individuellen Erfahrungen und Bedürfnissen gerecht zu werden, sollte ein **traumapädagogischer Ansatz immer in einen größeren Kontext eingebettet und auch in diesem betrachtet werden.** Müller (2021, S. 218ff.) beschreibt in seinem Konzept drei Bereiche, die wichtig sind, um traumatisierte Personen adäquat unterstützen zu können: **Aufbau eines sicheren Ortes, Aufbau einer tragfähigen Beziehung und Förderung der Selbstermächtigung.**

Nach der Erfahrung des Autors als Grundschullehrer und Schulpsychologe sind neben den genannten Bereichen ferner eine Selbstwertstabilisierung bzw. ein Selbstwertaufbau wichtige, zu berücksichtigende Komponenten, da bei Betroffenen sehr häufig starke Schuldgefühle, Selbstzweifel und ein Mangel an Selbstwirksamkeit vorliegen (vgl. Andreatta & Juen, 2020; Dittrich & Borg-Laufs, 2010; Imm-Bazlen & Schmieg, 2017, S. 116 ff.; Van der Linden, 2010). Ein theoretisches Konstrukt, das alle relevanten Bereiche abdeckt, ist das Konzept der psychischen Grundbedürfnisse nach Grawe (2004, ab S. 183), das in der Psychotherapie als Grundlagenwerk bestens bekannt ist. Der Neuropsychologe Grawe ging davon aus, dass alle Menschen vier psychische Grundbedürfnisse aufzeigen:

- **das Grundbedürfnis nach Bindung,**
- **das Grundbedürfnis nach Selbstschutz und Selbstwerterhöhung,**
- **das Grundbedürfnis nach Kontrolle und Orientierung sowie**
- **das Grundbedürfnis nach Lustgewinn und Unlustvermeidung.**

Durch die Erweiterung des Konzeptes für den pädagogischen Kontext (vgl. Jarzombek, 2020; Prölß, 2020, S. 99 ff.) wurde daraus die Bedürfnisorientierte Therapie entwickelt (vgl. Prölß, 2021). Hierbei werden die psychischen Grundbedürfnisse als Ebenen in Form einer Pyramide hierarchisch angeordnet, woraus sich ein konkreter Handlungsrahmen für alle Personen ergibt, die mit traumatisierten Menschen arbeiten (siehe Abb. 13).

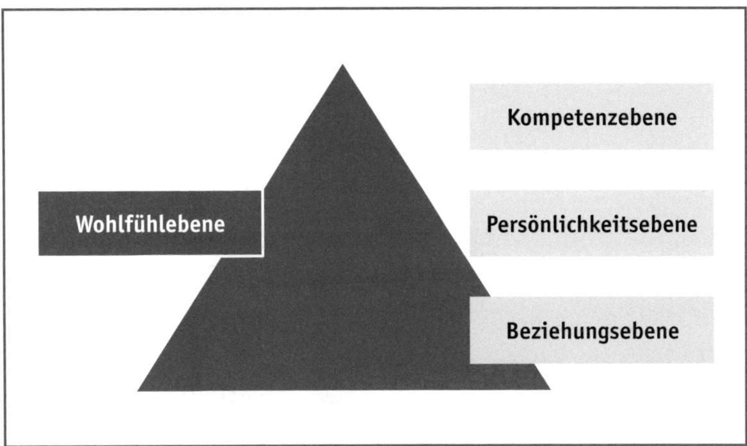

Abb. 13: Die Bedürfnisorientierte Therapie (Prölß, 2021)

So bildet beispielsweise der Aufbau einer tragfähigen, emotional belastbaren Lehrer-Schüler-Beziehung das Fundament dieser Theorie (**Bedürfnis nach Bindung**). Anschließend werden selbstwertsteigernde oder selbstwertstabilisierende Methoden angewendet, um dem **Bedürfnis nach Selbstschutz und Selbstwerterhöhung** nachzukommen. Ferner wird mithilfe von lösungsorientierten Ansätzen nach Möglichkeiten gesucht, das **Bedürfnis nach Kontrolle und Orientierung** zu befriedigen. Generell sollte das pädagogische Setting in einen sicheren, wertschätzenden Rahmen eingebunden sein, damit das **Bedürfnis nach Lustgewinn und Unlustvermeidung**, nach Wohlfühlen, ebenfalls erfüllt wird.

Auf den Punkt: Traumatherapie und Traumapädagogik bei Kindern und Jugendlichen müssen in erster Linie die psychischen Grundbedürfnisse der Betroffenen nach sicheren emotionalen Bindungen und Beziehungen sowie nach Orientierung und Kontrolle erfüllen. Ferner muss eine Stärkung des geschädigten Selbstwertes erfolgen und die Kinder und Jugendlichen müssen darin unterstützt werden, die eigene Selbstwirksamkeit erneut zu erleben.

Alle im Folgenden beschriebenen Maßnahmen dienen als Anregung zur Erfüllung der psychischen Grundbedürfnisse, die bei Kindern und Jugendlichen nach traumatischen Erlebnissen häufig defizitär sind. Die Maßnahmen sind eine Sammlung verschiedener Methoden aus den Bereichen der Erlebnispädagogik, des Trainings sozialer Kompetenzen und der Verhaltenstherapie. Da diese also nicht nur bei traumatisierten Kindern Anwendung finden, begegnen sie einem auch in anderen pädagogischen Settings (z. B. Ferienlager, pädagogisches Jahresprogramm einer Schule, Verhaltensmodifikation bei Schüler*innen). Die einzelne Lehrkraft sollte immer nur die Methoden durchführen, bei denen sie sich sicher und zu denen sie sich befähigt fühlt.

Außerdem ist immer die konkrete Situation in ihrer Komplexität und Individualität (z. B. unterschiedliche Arten von Traumata) zu berücksichtigen. Im Idealfall werden Betroffene therapeutisch begleitet, sodass man als Lehrkraft von den Eltern, den beteiligten Fachkräften (z. B. Schulpsycholog*innen, Schulsozialarbeiter*innen) oder in bestimmten Fällen auch den behandelnden Ärzt*innen und Therapeut*innen bereits Hinweise und Anregungen für den Umgang mit dem betroffenen Kind im eigenen Unterricht erhält.

6.2.1 Ein sicherer Rahmen – Die Wohlfühlebene

Den Betroffenen einen sicheren Ort zu geben, ist von elementarer Bedeutung für ihr seelisches Wohlbefinden. Daher ist es sinnnvoll, drei Bereiche im schulischen Kontext genauer zu betrachten:

- **räumliche Aspekte,**
- **Strukturen und Rituale sowie**
- **Fürsorgepflicht der pädagogischen Einrichtung.**

Einen wichtigen Aspekt bildet hierbei die **Raumausstattung**. Fühlen sich Kinder und Jugendliche sicher und geborgen, kann man mit ihnen besser in sozialen Kontakt treten und sie fühlen sich eher ermutigt, dem Gegenüber zu vertrauen und neue Verhaltensweisen anzunehmen. So sollten primär die Bedürfnisse der Kinder und Jugendlichen berücksichtigt werden. Diese Bedürfnisse können je nach Alter und Sozialisation stark schwanken und daher ist es schwer, allgemeingültige Aussagen zu treffen. Trotzdem werden im Folgendem ein paar Denkanstöße gegeben:

- Welche Spielzeuge mag das Kind, die ich besorgen könnte?
- Welche Sitzmöglichkeiten, Spieleecken oder andere Rückzugsmöglichkeiten könnte ich einrichten?
- Welchen Platz hat das Kind an der Garderobe (z. B. unbeabsichtigte Berührungen durch andere Kinder vermeiden)?
- Welche*r Sitz- oder Banknachbar*in ist für den*die Betroffene*n geeignet?
- Welche Störungen könnten auftreten und wie könnte ich diese möglichst unterbinden oder ihnen vorbeugen (z. B. Reizüberflutungen im Klassenzimmer vermeiden)?
- Ist das Klassenzimmer von seiner Lage her geeignet (z. B. dunkle Zimmer oder Souterrain-Zimmer mit wenig Licht und schmalen Fenstern bei geflüchteten Kindern vermeiden)?
- Wie gestaltet sich generell das Zurechtfinden im Schulhaus? Sind besondere/ wichtige Räume ausgeschildert (z. B. Toiletten, Rektorat)?

Von mehreren Forschungsinstituten gibt es Empfehlungen, wie eine positive Lernumgebung – nicht nur bei traumatisierten Kindern und Jugendlichen– gestaltet sein sollte (vgl. Goethe-Institut Warschau, o. J.):

- viel Tageslicht und hochwertige Beleuchtung
- Lärmschutz (Wand-/Deckenverkleidung, Kopfhörer, Lärmpausen)
- regelmäßiger Luftaustausch (Lüften!)
- angenehme Raumtemperatur
- genügend Platz zum Lernen (ca. 4,5m² pro Schüler*in)
- flexible Nutzung von Räumen: nicht nur Frontalunterricht an nach vorn gerichteten Tischen, sondern auch andere Lern- und Sitzformen, Aufenthaltsmöglichkeiten schaffen
- Wohlfühlatmosphäre: Couch, Pflanzen, Bilder usw.

Ein weiterer Aspekt für die Gestaltung eines sicheren Ortes ist die Etablierung von **Strukturen und Ritualen**. Strukturen sind für traumatisierte Kinder in besonderer Weise wichtig, weil nur durch äußere Strukturen bei Betroffenen ein Sicherheitsgefühl entstehen kann. Strukturen geben den Betroffenen Orientierung und diese Orientierung gibt wiederum Sicherheit.

Auf den Punkt: Struktur → Orientierung → Sicherheit = SOS

Ein weiterer Vorteil ist, dass neben der Sicherheit auch eine **kognitive Entlastung** bei den Betroffenen stattfindet, da über gewisse Dinge und Abläufe nicht mehr nachgedacht werden muss, weil diese automatisiert ablaufen (z. B. Anstellen vor der Pause). Strukturen sorgen zudem für **Ordnung des Unterrichtsgeschehens** und auch für eine gewisse **Zeitersparnis** für Lehrkräfte, da nicht mehr jedes Vorgehen explizit erklärt werden muss.

Besonderes Augenmerk sollte auf die **zeitlichen und administrativen Strukturen** gerichtet sein. Jegliche Form von Veränderung, z. B. Fächerwechsel wegen Erkrankung einer Lehrkraft, sollte **transparent** und **unverzüglich** den betroffenen Kindern und Jugendlichen mitgeteilt werden (z. B. farbliche Veränderung am Tagesplan). Auch besondere, einmalige Ereignisse, wie z. B. Feueralarmübung oder Feiern, etwa Fasching mit Kostümen, sollten rechtzeitig mit den Betroffenen auch inhaltlich besprochen werden. Durch Transparenz kann das Hilflosigkeits- und Ohnmachtsgefühl reduziert werden.

Auf den Punkt: Mit der Einführung von Strukturen und Ritualen wird neben dem Sicherheitsbedürfnis auch eine gewisse Normalität ins Leben der Betroffenen gebracht. So schrecklich das Erlebte war, das Leben muss weitergehen. Normalität und Alltag stabilisieren und geben Halt. Kinder und Jugendliche, die traumatisiert sind, brauchen gerade das sehr dringend.

Zu einem sicheren Ort gehört es auch, mögliche **Trigger zu reduzieren**. Traumatisierte Kinder und Jugendliche wissen oft gar nicht, welche Reize bei ihnen heftige Gefühlsausbrüche auslösen. Sie brauchen Erwachsene, die ihnen dabei helfen, diese **Trigger zu identifizieren** und zu reduzieren. Falls die auslösenden Reize Ihnen nicht bekannt sind, ist es sinnvoll, einen **Dokumentationsbogen** anzulegen, um eventuelle Auslöser herauszufinden (z. B. starke Angstzustände bei verbalen Beleidigungen durch ältere Schüler*innen). Hierbei geht es nicht um eine Bewertung, sondern darum, das Verhalten des*der Betroffenen zu verstehen und die Situation möglicherweise im Vorfeld abzumildern. Eventuell lassen sich mit so einer Dokumentation auch bereits **Frühwarnzeichen** ermitteln. Solche Zeichen können beispielsweise starkes Nägelkauen, Fäusteballen oder ein starrer Blick sein.

Die Wohlfühlebene richtet sich aber nicht nur an die Betroffenen, auch die pädagogischen Fachkräfte innerhalb der Schulen haben das Recht, dass man auf ihre Bedürfnisse achtet (**Fürsorgepflicht** des Arbeitsgebers).

Hier sollte die ganze Schulfamilie ermuntert werden, sich bei Bedarf ein **konkretes schulweites Konzept (z. B. ein Krisencurriculum)** zu überlegen, welche Möglichkeiten die schulischen Gegebenheiten bieten, mit traumatisierten Schüler*innen umzugehen. Fragen, die Sie sich stellen können, lauten:

- Welche personellen und räumlichen Ressourcen haben wir an der Schule, die wir gezielt aktivieren können (z. B. ungenutzte Räume, bauliche Besonderheiten, Fachpersonal, externe Unterstützungssysteme)?
- Welche pädagogischen Fragen können geklärt werden, die alle Mitglieder der Schulfamilie betreffen (z. B. Probleme in Pausen, Integration von neuen Schüler*innen, Maßnahmen bei psychologischen Notfällen)?
- Können wir standardisierte Abläufe einführen, z. B. bei der Aufnahme von geflüchteten Kindern in die Klasse oder auch bei Rückführungen von Kindern und Jugendlichen aus Kinder- und Jugendpsychiatrien, die mehrere Monate nicht in der Heimatschule waren? (Dies kann auch das Sicherheitsbedürfnis von Lehrkräften befriedigen.)

Außerdem sollte es ein Bestandteil eines schulischen Krisencurriculums sein, dass den Lehrkräften, den Schulkindern sowie den Eltern die **Kontaktdaten der schulinternen Hilfsdienste (z. B. Schulpsychologischer Dienst)** bekannt sind oder zumindest der Zugang zu diesen leicht zugänglich ist (z. B. über die Homepage). Diese Daten sollten seitens des*der Homepagebeauftragten der Schule auch in regelmäßigen Abständen aktualisiert werden.

Ferner ist es wünschenswert, dass die ganze Schulfamilie dieses Projekt gemeinsam angeht: **ein Kollegium – ein Team**. Hierzu kann beispielsweise zur qualitativen Weiterentwicklung der pädagogischen Arbeit an der Schule externe Unterstützung in Form von Supervision und Schulentwicklungsmoderator*innen in Anspruch genommen werden.

Tipp: Stressfreie Pausensituationen – aber wie?

Eine ruhige und stressfreie Pausensituation sicherzustellen, stellt für alle Beteiligten der Schulfamilie regelmäßig eine Herausforderung dar. Um eine stressfreie Pausensituation zu schaffen, können verschiedene Aspekte berücksichtigt werden:

- reizarme Aufenthaltsorte schaffen (Ruhe-, Lese- und Spieleecken für Kinder, die Ruhe brauchen)
- individuelle Betreuung bereitstellen (Mitschüler*innen, Pat*innen)
- strukturierte Pausenpläne (Welche Klasse darf wann was?)
- Interessen der Schüler*innen berücksichtigen (z. B. Möglichkeiten zum Malen, Klettern, Fußballspielen usw. ermöglichen)
- bei Störungen: Friedenszone einrichten (z. B. mit Streitschlichter*innen), bei Streitigkeiten einen Pausenbericht schreiben lassen

6.2.2 Die emotionale Basis – die Beziehungsebene

Selbstreflexion: Beziehungsgestaltung zu Schüler*innen

Rufen Sie sich bitte zwei Schüler*innen ins Gedächtnis. Am besten Schulkinder, von denen Sie wissen, dass diese Traumatisierungen erfahren haben:

a) eine*n Schüler*in, mit der*dem Sie eine gute Beziehung pflegen,
b) eine*n Schüler*in, mit der*dem sich die Beziehungsgestaltung schwieriger gestaltet.

Welche Unterschiede erkennen Sie in Ihrem Verhalten gegenüber den beiden Schüler*innen? Welche Unterschiede merken Sie im Verhalten der beiden Schüler*innen?

Mithilfe dieser Selbstreflexion wollte ich Sie anregen, sich noch einmal vor Augen zu führen, wie bedeutsam eine gute Beziehung als Grundlage für jegliches pädagogisches Arbeiten ist. Konkret geht es darum, bei den Betroffenen **neue, positive Bindungs- und Erziehungserfahrungen entstehen zu lassen**, als Voraussetzung dafür, dass Vertrauen entstehen kann, und zwar unabhängig vom Zeitpunkt und der Art der

Traumatisierung. Geeignete Methoden sind beispielsweise Kontinuität der Bezugspersonen, Feinfühligkeit und Empathie bei verbalen oder nonverbalen Äußerungen der Betroffenen und auch das Wahren von Grenzen.

Dieser Bereich und die damit verbundene Tätigkeit ist für viele Pädagog*innen und Lehrkräfte ein sehr herausfordernder Teil der alltäglichen Arbeit, weil es hierbei auch um das Aushalten von stellenweise extrem heftigen Affekten seitens der Kinder und Jugendlichen geht. Um solche Situationen auszuhalten, bedarf es einer enorm hohen eigenen emotionalen Stabilität dieser Fachkräfte, denn wer selbst kaum stabil ist, kann nicht stabilisieren (siehe Kapitel 8). Bei der Beziehungsebene gibt es zwei Bereiche, die es zu berücksichtigen gilt: **Kind-Lehrkraft-Interaktion und Kind-Kind-Interaktion.**

Auf den Punkt: Bindungs- und Beziehungsarbeit ist kein Punkt auf einer To-do-Liste, den man irgendwann abhaken kann. Bindungs- und Beziehungsarbeit ist ein Prozess, der nie wirklich endet.

DIE KIND-LEHRKRAFT-INTERAKTION

Die Kind-Lehrkraft-Interaktion soll vor allem durch **Kontinuität** und **Konstanz** bei den Bezugspersonen und im Verhalten der Lehrkräfte geprägt sein. Die Betroffenen benötigen eine feinfühlig-empathische helfende Begleitung. Das wird in der Regel dadurch gewährleistet, dass es **keine häufigen Wechsel bei den Bezugspersonen** (Lehrkräfte, Sozialpädagog*innen, Psycholog*innen) gibt.

So kann man als Pädagoge bzw. Pädagogin beispielsweise eine **Kindersprechstunde** anbieten. In dieser ausgewiesenen Stunde hat dann die Lehrkraft Zeit, sich intensiv um die Ängste, Befürchtungen und Bedürfnisse einzelner Kinder zu kümmern. Alternativ – häufig in Kindertagesstätten angewendet – ist die Einführung einer **positiven Spiel- oder Gesprächszeit** von ca. 20 Minuten mit der*dem „Lieblingserzieher*in". Hierdurch erfahren traumatisierte Kinder Wertschätzung und ein Gefühl des Angenommenseins. Alternativ kann man die **Vorviertelstunde**/den offenen Anfang nutzen, um mit den betroffenen Kindern und Jugendlichen in Kontakt zu treten.

Ein zentrales Element im schulischen Kontext ist die **Kommunikation**. So reagieren traumatisierte Kinder positiv auf eine klare, eindeutige **Sprache**:

- Verwenden Sie kurze, einfache, direkte Sätze und vergewissern Sie sich, dass jede*r Schüler*in die Anweisung verstanden hat.
- Verwenden Sie nach Möglichkeit verschiedene Kanäle bei der Vermittlung von Informationen, Anweisungen und Aufgabenstellungen, z. B. Sprache, Visualisierung, praktische Übungen.
- Sprechen Sie betroffene Schüler*innen möglichst häufig mit ihrem Namen an und halten Sie Blickkontakt.
- Reagieren Sie auf positives Verhalten verstärkend und bieten Sie für unangemessenes Verhalten Alternativen an.
- Verwenden Sie Ich-Botschaften und drücken Sie Gefühle aus: „Ich habe wahrgenommen, dass …“, „Ich habe gesehen, dass du …“, „Ich wünsche mir, dass …“

Tipp: Vereinbaren Sie bei Bedarf einen Code oder ein Signal (z. B. Zeichen, Karte) mit dem betroffenen Schulkind, womit es anzeigen kann, wenn es mit einer Situation überfordert ist.

DIE KIND-KIND-INTERAKTION

Ein weiterer Aspekt der Beziehungsebene ist die Kind-Kind-Interaktion (zwischen einzelnen Kindern oder das gesamte Sozialklima) in der Klasse. Hier gilt es zuallererst, dass die Mitschüler*innen **Verständnis** für die Situation der Betroffenen entwickeln. Die Lehrkraft muss dabei abschätzen, was sie von der Klasse erwarten und was sie dem betroffenen Kind zumuten kann. In der einen Klasse kann vielleicht im Vorfeld bereits das Thema „Trauma“ oder „Krieg“ kindgerecht mithilfe von (Bilder-)Büchern behandelt werden, um einem Neuankömmling die Integration in die Klasse zu erleichtern (mögliche Bücher finden Sie in den Medientipps). In anderen Klassen ist die soziale Situation schwieriger und es ist vielleicht eher angeraten, nur wenige Informationen über eine*n neue*n Schüler*in preiszugeben. Mitunter möchte ein*e neue*r Schüler*in sogar sich, das Herkunftsland und die eigene Geschichte in der Klasse selbst vorstellen und die Mitschüler*innen hören dabei gespannt zu. Je nach

Situation muss die Lehrkraft mithilfe ihres pädagogischen Fingerspitzengefühls entscheiden, welchen Weg sie wählt.

Zudem sollten Sie viele **Begegnungsmöglichkeiten** für die Schüler*innen ermöglichen, weil gerade durch das (kindliche) Spiel viele positive und verständnisvolle Beziehungen geschaffen werden können.

Ferner sollten Sie immer Maßnahmen ergreifen, um das **Gemeinschaftsgefühl der Klasse** zu stärken. Hier können Rituale für spezielle Ereignisse fest etabliert werden. Außerdem kann sich die **Etablierung** eines **Klassenfrühstücks** einmal im Monat positiv auswirken.

Allgemein kann der Einsatz von Spielen das Verständnis und die Eingliederung betroffener Kinder fördern. Hier lernen Kinder, Kontakte herzustellen, Begegnungen zuzulassen und Verständnis füreinander zu entwickeln.

In der Erlebnispädagogik gibt es für die im Folgenden beschriebenen Spiele (außer Spiel 1) zur Erhöhung der Schwierigkeit die Variante, dass man nicht miteinander sprechen darf und somit nur mittels Mimik und Gestik zur gemeinsamen Lösungsfindung kommen soll. Gerade wenn jemand (noch) nicht über so gute Deutschkenntnisse verfügt, kann diese Variante für das neue Kind und die gesamte Klasse gewinnbringend sein, da dadurch alle die gleichen Startvoraussetzungen haben und zugleich alle erkennen, dass sie auch ohne Sprache gemeinsam eine Aufgabe bewältigen können.

Spiele

„Mein geheimer Freund/Meine geheime Freundin"
Hierzu werden die Namen aller Kinder auf einen Zettel geschrieben und in einen Topf gegeben. Jedes Kind zieht einen Namen. Das Kind muss sich nun – geheim – um das Kind kümmern, dessen Namen es gezogen hat.

Eisscholle
Zu Beginn des Spiels werden Gruppengrößen festgelegt. Während die Musik läuft, bewegen sich die Kinder im Klassenzimmer. Stoppt die Musik, müssen sich die Gruppen jeweils auf eine „Eisscholle" (ein Stück Zeitung) stellen. Im Verlauf des Spiels werden die Eisschollen immer kleiner.

Reifenweitergabe
Alle Kinder halten sich an den Händen und bilden einen Kreis. Nun muss ein Hula-Hoop-Reifen eine ganze Runde im Kreis durchgereicht werden, ohne dass die Schüler*innen die Hände loslassen oder dass der Reifen den Boden berührt. Alternativ kann man mehrere Gruppen bilden, die gegeneinander antreten.

Das umgedrehte Schwungtuch
Alle Schüler*innen stehen auf einem Schwungtuch (Teppich, Tuch o. Ä.). Das Schwungtuch muss nun umgedreht werden, ohne dass die Schüler*innen den Boden berühren.

Gordischer Knoten
Die Schüler*innen stellen sich im Kreis auf, schließen die Augen und gehen mit ausgestreckten Armen auf die Mitte zu. Dann fassen sie mit jeder Hand je eine Hand eines*einer Mitspieler*in. Dadurch bildet sich ein wirrer Knoten. Die Aufgabe besteht nun darin, den Knoten zu entwirren, dass eine geschlossene Menschenkette entsteht, ohne dabei die Hände loszulassen.

Das Bedürfnis nach Bindung sowie das Bedürfnis nach Sicherheit kann mit der Einführung von **Kinderpatenschaften** ebenfalls unterstützt werden. Hierzu können gleichaltrige Kinder oder Jugendliche als „Pat*innen" für die ersten Tage oder Wochen fungieren, um dem*der „Neuen" in der Klasse wichtige Informationen zur Verfügung zu stellen. Alle Maßnahmen können im Sinne der Demokratieerziehung und Partizipation auch regelmäßig im **Klassenrat** thematisiert werden und gegebenenfalls an neue Situationen angepasst werden.

Generell muss man festhalten, dass es vielen Betroffenen bereits hilft, wenn man ein offenes Ohr für sie hat, ihnen Wertschätzung und Empathie entgegenbringt und ihnen das Gefühl vermittelt, für sie da zu sein.

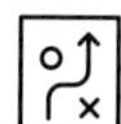

Exkurs: Diagnostika für die Klassendynamik

Es kann immer vorkommen, dass die Integration eines Schülers oder einer Schülerin nicht gelingen kann, weil die Klasse Bedenken gegenüber dem*der Neuen hat oder auch weil die Klassendynamik von vornherein schon dysfunktional war. Hier stehen Ihnen verschiedene Möglichkeiten zur Verfügung, um einen aktuellen Ist-Zustand der sozialen und emotionalen Situation bei dem*der Betroffenen bzw. in der Klasse zu ermitteln. Eine sehr einfache und effektive Methode ist das Ausfüllen eines **Bindungs- oder Beziehungskreises** (siehe Abb. 14).

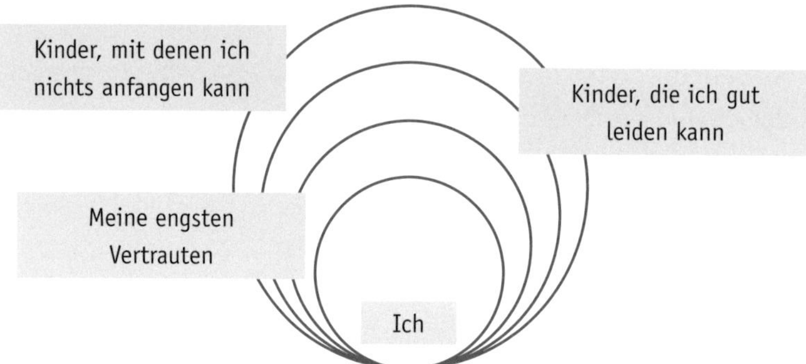

Abb. 14: Darstellung eines Bindungs- bzw. Beziehungskreises

Die Kreise können bereits vorgefertigt dem*der Betroffenen vorgelegt werden oder auch auf die Schnelle auf ein Blatt Papier gezeichnet werden. Hier kann nun der*die traumatisierte Schüler*in Mitschüler*innen benennen, mit denen er*sie sich gut oder vielleicht auch nicht so gut versteht. Diese Information erhalten Sie vertraulich und können so Partner- und Gruppenarbeiten, aber auch Sitznachbarschaften passgenau kombinieren.
Alternativ kann auch ein **Soziogramm** durchgeführt werden, um einen detaillierteren Einblick in die Klassendynamik zu erhalten.

BEZIEHUNGSAUFBAU IST MANCHMAL SCHWIERIGER ALS GEDACHT

In jedem pädagogischen Setting wirken die Beteiligten darauf hin, dass ihre Schüler*innen und Klient*innen zu ihnen eine vertrauensvolle Beziehung aufbauen können. Leider ist es nun so, dass gerade Kinder und Jugendliche, die traumatische Erlebnisse durchlaufen haben, die dadurch **verinnerlichten Bindungsrepräsentationen** häufig auf spätere **pädagogische Bezugspersonen (z. B. Lehrkräfte, Schulsozialarbeiter*innen) übertragen** (vgl. Diener & Monroe, 2011; Zimmermann, 2017, S. 36 ff.). Manche traumatisierten Kinder und Jugendliche haben derart viel Angst vor erneuten Beziehungsverlusten und dem Kontrollverlust in emotional besetzten Beziehungen, dass sie versuchen, **emotionale Beziehung möglichst zu vermeiden**. Für Erzieher*innen, Pflegeeltern, Lehrkräfte und Psycholog*innen ist es ungemein belastend, wenn das Kind keinen emotionalen Kontakt aufnimmt oder nicht signalisiert, dass es gerne bei ihnen ist. Auf der anderen Seite kann es sehr motivierend sein, wenn betroffene Kinder und Jugendliche dem*der „Helfenden" signalisieren, dass sie die „Arbeitsbeziehung" als sehr wertvoll, bereichernd und unterstützend empfinden und das Angebot gerne annehmen.

Im pädagogischen Alltag lässt sich auch oft ein schlagartiger Wechsel von der Idealisierung einer Lehrkraft oder pädagogischen Fachkraft bis hin zu ihrer völligen Ablehnung und Dämonisierung beobachten. Traumatisierte und vernachlässigte Kinder und Jugendliche haben das Bedürfnis nach einer optimalen und versorgenden Beziehung. Daher wird der Fachkraft häufig am Anfang – besonders wenn man Vertrauen zu einer Person gewonnen hat – ein idealisierendes, schmeichelndes, intimes **Beziehungsangebot unterbreitet** (z. B. *„Sie sind meine Lieblingslehrerin, Ihnen kann ich Dinge erzählen, die ich noch niemanden erzählen konnte."* o. Ä.). In dieser Situation fühlen sich Lehrkräfte häufig unwohl und sind mit den Beziehungswünschen der*des Jugendlichen überfordert. Oft reagieren sie mit einer Distanzierung. Dies wird von dem*der Jugendlichen wiederum als erneuter Verrat erlebt und es folgt eine sehr emotionale und heftige Entwertung der Bezugsperson.

Auf den Punkt: Um sich als Lehrkraft, Pädagog*in und Psycholog*in vor diesem Teufelskreis zu schützen, ist es wichtig, eine Balance zwischen emotionalem Engagement und professionell reflektierender Distanz zu finden. Man sollte z. B. nur etwas versprechen, was man auch einhalten kann, um den Kindern oder Jugendlichen erneute enttäuschende Beziehungserfahrungen zu ersparen. Auch Wechsel im Team, von Ansprechpartner*innen usw. sollten rechtzeitig mit dem*der Betroffenen besprochen werden.

Was kann man als Lehrkraft tun, wenn man mit heftigen verbalen Provokationen konfrontiert wird?

- **Nehmen Sie das Verhalten des Schülers bzw. der Schülerin nie persönlich.** Seien Sie sich bewusst, dass traumatisierte Kinder und Jugendliche nicht Ihnen persönlich absichtlich schaden möchten. Allerdings sollten Sie dem*der Betroffenen deutlich zeigen, dass nicht jede Äußerung von Ihnen hingenommen wird. Günstig ist es daher, im Gespräch das Verhalten von der Persönlichkeit des Schülers bzw. der Schülerin zu trennen (z. B. *„Ich finde, dass du ganz ein toller Kerl bist, aber diese verbalen Ausraster gehen einfach nicht.“*).
- **Führen Sie mit dem betroffenen Schulkind ein Einzelgespräch** und sprechen Sie Ihre Beobachtungen an. So sollten Sie den*die Schüler*in darauf hinweisen, dass alle Lehrkräfte an der Schule bemüht sind, dass es ihm*ihr gut geht.
- **Holen Sie sich Hilfe.** Bei schweren Fällen ist es auch immer sinnvoll, sich weiteren Rat und Unterstützung zu holen. Hierbei bieten sich die Mitglieder der schulischen Hilfssysteme oder auch externe Unterstützer*innen (z. B. Therapeut*innen) an.

6.2.3 Ich bin etwas wert – Die Persönlichkeitsebene

Jeder Mensch möchte gesehen werden. So erfüllt es Kinder und Jugendliche mit einem unglaublichen Stolz, wenn sie für ihre Leistungen, ob im schulischen oder im sportlichen Bereich, Anerkennung erfahren. Es handelt sich hierbei um das von Kindheit an vorhandene Streben, sich selbst als gut, kompetent und von anderen wertgeschätzt und geliebt zu fühlen. Studien mit Schulkindern zeigen, dass ein hoher Selbstwert mit einer hohen Selbstwirksamkeitserwartung, einer ausgeprägten Leistungsmotivation und letztlich einer guten schulischen Leistung einhergeht (vgl. Guay et al., 2010). Bei traumatisierten Kindern und Jugendlichen ist ihr Selbstwert häufig durch starke Schuld- und Schamgefühle vermindert und daher ist es wichtig, im pädagogischen Alltag Selbstwertaufbau und damit die Selbstwirksamkeit zu fördern (vgl. Andreatta & Juen, 2020; Dittrich & Borg-Laufs, 2010, Fischer & Riedesser, 2023, S. 303; Imm-Bazlen & Schmieg, 2017, S. 116 ff.; Van der Linden, 2010).

Eine leicht umsetzbare und effektive Methode für den Selbstwertaufbau bei traumatisierten Kindern und Jugendlichen ist, vermehrt auf **positive Rückmeldungen** zu setzen. Viele traumatisierte Kinder erfahren wenig Anerkennung und reagieren daher eher verunsichert bis ablehnend auf wertschätzende Ansprachen. Dabei brauchen gerade sie viel Bestätigung und das Gefühl, positiv wahrgenommen zu werden, um wieder ein Gefühl für sich selbst und ihr eigenes Können zu bekommen.

- **Lob der Anstrengung:** Wichtig ist, dass der Fokus nicht auf dem Endprodukt (z. B. der Note, dem Hefteintrag) liegt, sondern viel mehr auf den Bemühungen, die das Kind unternommen hat, um das zu erreichen. Hierbei sollten Sie aber auch darauf achten, dass nicht nur das bloße Bemühen, sondern zielgenau die Methode, Strategie usw. gelobt wird, die konkret sinnvoll war. Somit können betroffene Kinder und Jugendliche lernen, welche Strategien sinnvoll sind und welche angepasst werden müssen.
- **Spezifisch loben:** Lob sollte so konkret und so spezifisch wie möglich vergeben werden (z. B. *„Das war eine gute Idee, sich mit zu den anderen Kindern auf die Wiese zu setzen.“*).
- **Anwenden der individuellen Bezugsnorm:** Um ein Kind zu positivem Verhalten zu ermutigen, ist eine Leistungsbewertung über die individuelle Bezugsnorm sinnvoll. Dabei sollten unbedingt auch kleine Veränderungen zum Ausdruck gebracht werden.
- **Kooperation mit den Eltern:** Eine Kooperation mit den Eltern kann in vielen Fällen wichtig und richtig sein. Dazu könnte beispielsweise positives Verhalten seitens der Kinder und Jugendlichen über das Hausaufgaben-, ein Mitteilungs- oder ein Positivheft den Eltern schriftlich mitgeteilt werden. So könnte bei einem sehr ängstlichen und verunsicherten Mädchen die Rückmeldung wie folgt aussehen: *„Melanie hat sich heute gut in den Morgenkreis eingebracht.“*

Zum einen können Lehrkräfte versuchen, die Ressourcen der Betroffenen abzufragen bzw. zu ermitteln. Systemische Ansätze können hier sehr hilfreich und zielfördernd sein. Eine bewährte Methode ist die Vier-Felder-Ressourcentafel (vgl. Prölß & Prölß, 2023, S. 15 f.), bei der man alle relevanten Lebensbereiche des Kindes oder des*der Jugendlichen betrachtet (siehe Abb. 15).

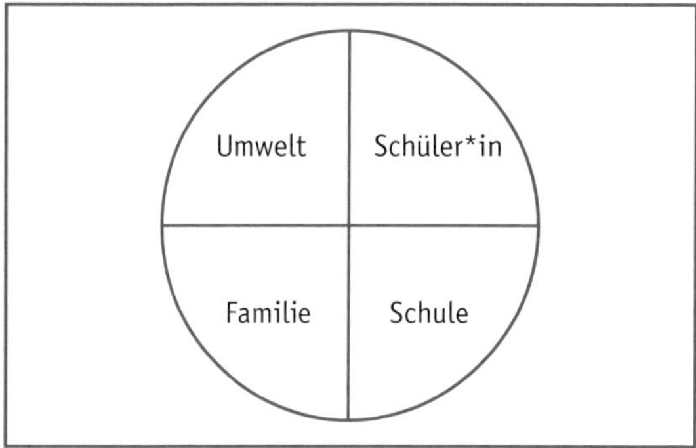

Abb. 15: Vereinfachte Darstellung der Vier-Felder-Ressourcentafel

Hier können im Einzelkontakt alle relevanten Bereiche nacheinander mit dem traumatisierten Kind besprochen und visualisiert werden (z. B. Ressourcen mit blauer Farbe und ungünstige Faktoren in Rot schreiben). Idealerweise sollten am Ende die positiven (blauen) Äußerungen überwiegen.

Alternativ dazu kann man beispielsweise auch einen sogenannten **Ressourcenpool** erarbeiten, was im Einzelkontakt oder mit der ganzen Klasse erfolgen kann. Hierzu sollen die Schüler*innen auf einen Blatt Papier oder auf einem Flipchartplakat Ressourcen notieren und was ihnen guttut. Folgende Fragen könnten dazu gestellt werden:

- Was hat mir letzte Woche besonders gutgetan?
- Was konnte ich genießen?
- Was macht mir zurzeit viel Freude/Spaß?
- Was kann ich besonders gut?
- Worauf bin ich stolz?
- Wer ist mein Idol/Vorbild?

Daneben gibt es viele weitere kreative Möglichkeiten, den Selbstwert bei betroffenen Kindern und Jugendlichen zu stärken bzw. zu stabilisieren (z. B. „Warme Dusche", Brief an mich selbst).

Zudem sollte man Betroffenen nicht alles abnehmen. **Strukturierung von schulischen Aufgaben** mit den dazugehörigen Ansprüchen hilft dabei, sich in den schulischen Alltag wieder einzufinden. Dabei sollte daher das Loben und regelmäßige positive Feedback nicht zu kurz kommen. Kontinuierliches Motivieren, wie *„Probiere es!"*, *„Mach weiter, auch wenn es schiefgeht!"*, ist eine weitere wichtige Säule im Umgang mit solchen Kindern und Jugendlichen. Dabei geht es auch darum, die Kinder durch schulische Anforderungen nicht unter Druck zu setzen.

Eine weitere, sehr einfache und effektive Methode ist die **Übertragung von speziellen Aufgaben** und Dienste. Hier können neue, innovative Dienste, wie „Hüter*in der Tablets" ins Leben gerufen werden. Diese Dienste vermitteln den Betroffenen, dass sie wertvoll und wichtig sind und durch ihr Tun Gutes leisten. Die psychologische Wirkung dieser Aufgabe darf nicht unterschätzt werden.

Eine weitere beliebte Methode ist die Erstellung eines Stärkewappens. Hierbei kann an alle Schüler*innen der Klasse ein **Wappen** ausgeteilt werden. Anhand dieses Wappens sollen verschiedene Fragen beantwortet und auch verschriftlicht bzw. zeichnerisch dargestellt werden (siehe Abb. 16).

Was kann ich gut?	Was mag ich an mir?
Was ist besonders an mir?	Worauf bin ich stolz?

Abb. 16: Ein Stärkewappen

Wie aus der Abb. 16 zu entnehmen ist, sollen vor allem Fragen gestellt werden, die auf positive Erfahrungen von Kindern bzw. Jugendlichen abzielen. **Bei den Fragen muss zudem darauf geachtet werden, dass es sich dabei um keine Trigger handelt.** Die Frage *„Was finden deine Eltern an dir gut?“* könnte beispielsweise Probleme hervorrufen, wenn die Eltern bei der Flucht verstorben sind.

Eine weitere, sehr motivierende Ergänzung zu den bereits aufgezählten Maßnahmen kann ein **Freudetagebuch** darstellen. Ziel dieser Maßnahme ist es, die Freuden des vergangenen Tages oder der vergangenen Woche einzutragen. Es geht hier sowohl um Erlebnisse aus dem schulischen Bereich als auch aus dem privaten Umfeld der Kinder. Die Kinder und Jugendlichen entscheiden selbst (**Selbstbestimmung**), ob sie ein erfreuliches Erlebnis aufschreiben, ein Bild dazu malen oder sogar ein Foto einkleben. Es können auch Postkarten, Eintrittskarten oder sonstige freudige Erinnerungen in so einem Buch festgehalten werden. Mit zunehmender Zeit wird so ein Buch eine Schatztruhe bzw. Kraftquelle für jedes Kind oder jede*n Jugendliche*n.

6.2.4 Handlungssicherheit – Die Kompetenzebene

Auf der Kompetenzebene geht es vor allem um die **Aktivierung der Betroffenen**. In anderen Theorien wird dies auch als Pädagogik der Selbstermächtigung bezeichnet (vgl. Müller, 2021, S. 227f.). Die gemachten Erfahrungen (Ohnmachts- und Hilflosigkeitsgefühl) sollen hier reduziert werden und den Betroffenen ein Erleben von **Selbstbestimmung** und **Partizipation** ermöglichen. Klassische Förderbereiche sind hierbei die Wahrnehmung und Regulation von Gefühlen sowie Techniken zur Achtsamkeit und Entspannung.

Die (wiederholte) heftige Erregung und die damit einhergehende Aktivierung des körpereigenen Stresssystems in der traumatischen Situation führt dazu, dass unangenehme Gefühle bei Betroffenen auch lange Zeit nach dem eigentlichen traumatischen Ereignis wesentlich schneller ausgelöst und auch rascher als unangenehme Anspannung interpretiert werden. Zudem brauchen traumatisierte Kinder und Jugendliche länger, um sich beispielsweise nach bedrohlichen Situationen wieder zu beruhigen (vgl. Ebner-Priemer et al., 2009). Aufgrund dieser Tatsache ist es wichtig, Betroffene in der Identifikation, Differenzierung und Regulation von Gefühlen zu unterstützen.

Gefühle können durch **Farben, Symbole, Formen und Materialien** (**z. B. Knete, Bilder aus Zeitschriften**) **spielerisch ausgedrückt** werden. Diese Methoden fallen traumatisierten Kindern und Jugendlichen häufig leichter und sind auch ausdrucksstärker als die gesprochene Sprache. Beim Malen oder Schreiben über ihre Gefühle finden Kinder oft wieder zu innerer Ruhe. Diese Methode kann in vielen Kontexten Anwendung finden, z. B. im Kunst-, Religions- oder auch im Deutschunterricht, wenn das Thema „Gefühle" bearbeitet wird. Es sollte dabei auch immer beachtet werden, dass es bei den Gefühlen generell kein Richtig oder Falsch gibt, da die Wahrnehmung von **Gefühlen etwas sehr Individuelles** ist und daher für die eigene **Person stimmig sein** muss.

Ferner können weitere Maßnahmen im Unterricht ergriffen werden, um förderlich auf diesen Bereich einzuwirken. Eine Methode könnte die Arbeit mit Bilderbüchern sein. Um Gefühle kennenzulernen, ist beispielsweise das Buch/Kartenset „**Heute bin ich**" von Mies van Hout gut geeignet, das bereits in mehreren Sprachen vorliegt (siehe Medientipps). Anhand von leuchtend und schillernd gemalten Fischen sind die unterschiedlichen Emotionen ausgedrückt und für Kinder sowie auch Jugendliche sehr einprägsam. Hier kann eine Aufgabe darin bestehen, die Fische mit ihren Gefühlen nachzuzeichnen, ggf. sich auch neue Fische für die Gefühle auszudenken.

Als eine **körperbetonte Übung** könnte man die Gefühle in Form von Pantomime nachstellen lassen und die anderen Kinder oder Jugendlichen dürfen dann raten, um welches Gefühl es sich handelt.

Eine weitere, eher köperbetonte Methode kann der Aufbau eines **Stationen-Trainings „Meine Sinne**" sein (siehe Medientipps). Hier können Stationen zu den verschiedenen Sinnen aufgebaut und von den Schüler*innen erprobt werden:

- **visuelle Wahrnehmung**: „Ich sehe was, was du nicht siehst!", optische Täuschungen
- **auditive Wahrnehmung**: Geräusche erkennen, Klangpaare zuordnen, Richtungshören
- **taktile Wahrnehmung**: Buchstaben/Zahlen auf den Rücken des Partnerkindes schreiben, Gegenstände erfühlen (Fühlboxen)

- **olfaktorische Wahrnehmung**: Gerüche erraten, Geruchspaare erkennen
- **gustatorische Wahrnehmung**: Geschmackslabor, Lebensmittel erraten

Achtung: Gerade bei traumatisierten Kindern und Jugendlichen wirken Gerüche und Geräusche häufig als Trigger. Das bedeutet auch, dass mit derartigen Methoden im Unterricht umsichtig umgegangen werden muss. Das „Nicht-Machen-Wollen" sollten Sie in diesem Zusammenhang nicht als Verweigerung, sondern als Selbstschutz der Betroffenen interpretieren.

Neben der Identifikation sowie Differenzierung der eigenen Gefühle ist auch deren **Regulation** von großer Bedeutung, weil damit das soziale Miteinander in Gruppen unmittelbar zusammenhängt. Nur wenn die Betroffenen auch lernen, ihre eigenen Gefühle richtig zu deuten und in brenzligen Situationen sozial adäquat zu reagieren, wird die Integration in Gruppen gelingen.

Hierzu können die **Karten** zum Buch „Heute bin ich" verwendet werden, um zu besprechen, wie die einzelnen Kinder und Jugendlichen mit dem jeweiligen Gefühl umgehen:

„Der Fisch auf dem Bild ist wütend: Was könnte er tun? Was tust du, wenn du wütend bist? Gibt es vielleicht eine andere Methode, um mit Wut umzugehen?"

Hier können Sie auch auf die Ressourcen der Gruppe bauen, da Kinder und Jugendliche meistens sehr effektive und „kindgerechte" Techniken kennen, ihre Gefühle zu regulieren, und diese gerne ihren Mitschüler*innen erläutern.

Das Ganze kann auch mit **Rollenspielen** erweitert werden, um eventuelle Situationen nachzuspielen. Hier kann gleich in der nachgestellten Situation, z. B. Streit in der Pause, an verschiedenen Lösungsmöglichkeiten gearbeitet werden.

Tipp: Die Übung mit der Besprechung von Gefühlen und das Erarbeiten von adaptiven Strategien kann auch an die Eltern übertragen werden, wenn sie dazu in der Lage sind.

Neben der Verwendung von Bildkarten können Sie auch einzelne Kopiervorlagen aus **Büchern**, die die Themen **„Streitschlichtung“** oder **„Gewaltfreie Kommunikation“** behandeln, heranziehen (siehe Medientipps). Diese Programme enthalten sehr häufig Bausteine und gut aufgearbeitete Inhalte zu den Themen „Gefühle wahrnehmen“, „Gefühle regulieren“ und in „Konfliktsituationen nicht die Fassung verlieren“.

Tipp: Eine einfache, aber auch effektive Form, Schulkinder in ihrer Selbstwirksamkeit zu stärken, ist, dass diese selbst Betroffenen helfen können. Hierzu können, je nach Alter und emotionaler Stabilität der Kinder, Spendensammlungen in der Schule oder im Umfeld organisiert werden. Die Einnahmen können dann beispielsweise an die Ukrainehilfe gespendet werden.

Kindern und Jugendlichen, die bei der Äußerung und der Regulation ihrer Gefühle große Probleme haben, kann man dafür ein **Gefühlsbarometer** zur Verfügung stellen (siehe Abb. 17). Dieses Gefühlsbarometer kann verschiedene Piktogramme, Farben und Formen aufweisen: Wettersymbole, Smileys, ein Tachometer oder eine Parkscheibe.

Abb. 17: Smiley-Tafel zur Regulation von Gefühlen

Hier stehen Ihnen sehr viele Gestaltungsmöglichkeiten zur Verfügung. Sinnvoll ist es, sich an den Bedürfnissen sowie dem Alter der Betroffenen zu orientieren. Wenn diese Skala (gemeinsam) fertiggestellt ist, sollen die Schüler*innen je nach Gefühlslage ihre aktuellen Emotionen bewerten und ggf. Ihnen Rückmeldung geben. Das kann vor jeder Stunde passieren, aber auch nach jeder Pause oder während der Unterrichtsstunden, falls es zu unangenehmen Gefühlen und Gedanken während des

Unterrichts kommen sollte. Mit dieser Methode lernen Betroffene, ihre **Gefühle (besser) einzuschätzen**. Ferner dient dieses Vorgehen auch als **Vorwarnsystem** für eventuell auftretende Krisensituationen.

Auf den Punkt: Ist der*die Betroffene nicht in der Lage, die angebotenen Hilfsmaßnahmen umzusetzen (z. B. Überforderung, mangelnde Motivation), sollte die Einarbeitung solcher „Skills" durch einen Schulpsychologen bzw. eine Schulpsychologin oder einen Psychotherapeuten bzw. eine Psychotherapeutin erfolgen.

Neben der Förderung der Gefühlsregulation können auch Aufmerksamkeitsübungen, wie **Kim-Spiele**, sehr sinnvoll sein. Dabei handelt es sich um Übungen, die darauf abzielen, die Merkfähigkeit und die Feinabstimmung der Sinnesorgane zu fördern. Übungen könnten beispielsweise sein:

- einen **tickenden Wecker** im Klassenzimmer verstecken und von den Kindern/Jugendlichen suchen lassen
- Die Schüler*innen können sich auch hinstellen, die Augen schließen; ein*e Schüler*in wird von der Lehrkraft angestupst, nimmt daraufhin einen **Kugelschreiber** und klickt mit diesem. Die anderen müssen dann im Anschluss erraten, wer es war.
- **Veränderungen im Raum** vornehmen und die Schüler*innen müssen erraten, was sich verändert hat
- **Stille-Post-Morgen-Gruß**: Die Schüler*innen stellen sich im Kreis auf und schließen die Augen. Die Lehrkraft drückt die Hand des Schülers bzw. der Schülerin neben ihr (z. B. ein- oder zweimal) und der Gruß soll nun durch den Kreis wandern, bis er wieder bei der Lehrkraft ankommt.

In der Psychotraumatologie beschäftigt man sich viel mit dem Zusammenhang zwischen Körper, Traumareaktionen sowie körperlichen und psychischen Traumafolgestörungen. Ein Trauma geht häufig mit einer Verletzung der körperlichen Grenzen einher und daher löst allein der Gedanke an dieses Ereignis wieder körperliche Symptome aus. Für die pädagogische Begleitung von traumatisierten Kindern und Jugendlichen haben sich **Sport**, insbesondere Ausdauertraining, sowie **stabilisierende und sensibilisierende Körperinterventionen**, wie Elemente aus Yoga, Qigong oder Meditation, sehr gut bewährt (vgl. NurrieStearns & NurrieStearns, 2013). Besonders Yoga und Meditation können traumatisierten Kindern und Jugendlichen helfen, ihre Körperempfindungen besser wahrzunehmen. Ein bewährtes Programm ist „Stillsitzen wie ein Frosch". Hierbei werden anhand der typischen Sitzposition eines Frosches die Übungen (z. B. Atemübungen, Fantasiereisen, Achtsamkeit) spielerisch, kindgerecht und motivierend erläutert. Aber auch spezielle Bildkarten mit Übungsbeispielen (z. B. „30 Kinderyoga-Bildkarten") sind für den Einsatz in der Schule gut geeignet (beide siehe Medientipps).

Auf den Punkt: Die wichtigsten Ressourcen, die Sie traumatisierten Schüler*innen Verfügung stellen können, sind:

- die Schule als einen sicheren Ort etablieren **(Sicherheit und Wohlfühlen)**.
- das Wissen, dass in der Schulfamilie immer eine Person für die Betroffenen und ihre Bedürfnisse da ist **(Verlässlichkeit und Bindungsstabilität)**.
- die Unterstützung, dass die Betroffenen lernen, den Alltag zu meistern **(Selbstwirksamkeit und Selbstwertstabilisierung)**.
- die Hilfe, die Kontrolle über sich selbst wiederzugewinnen **(Methoden der Selbstregulation; Gefühl der Kontrolle)**.
- eine Zukunftsperspektive **(z. B. das gemeinsame Arbeiten, um einen Schulabschluss zu erlangen)**.

6.3 Umgang mit Eltern

Bei der Arbeit mit traumatisierten Kindern und Jugendlichen ist die Kooperation zwischen Elternhaus und Schule ein weiterer wichtiger Faktor, um die psychische Entwicklung der Betroffenen positiv zu beeinflussen. Hier sollten die Lehrkräfte, Pädagog*innen, Psycholog*innen etc. reflektieren, wie die **Zusammenarbeit zwischen Eltern und den Mitgliedern der Schulfamilie** allgemein geregelt ist. Gibt es ein spezielles Elternsprechzimmer? Ist das Zimmer ansprechend hergerichtet (und nicht nur ein fensterloser Abstellraum mit Tisch und zwei Stühlen)? Wann und wie sind die Lehrkräfte für Eltern erreichbar (E-Mail, digitales Schulportal, Telefonsprechstunde, Anmeldung über Zettel oder Hausaufgabenheft usw.)? Wie erfolgt die Informationsweitergabe bei Vorfällen an der Schule? Wie ist die Haltung der Lehrkräfte bzgl. der Kooperation von Elternhaus und Schule (Wertschätzung, Empathie, Verständnis)? Stehen in Gesprächen die Defizite im Vordergrund oder werden auch gezielt Ressourcen des Kindes oder des*der Jugendlichen besprochen?

Inhalte einer guten, kooperativen Zusammenarbeit können viele sein, die auch Eingang in ein pädagogisches Konzept finden können. Als mögliche Besprechungspunkte bieten sich an:

- **Informationsangebote** (Austausch, Rückmeldung, didaktische Maßnahmen)
- **Beratungsangebote** (Gespräche bzgl. Problemverhalten, Beratung zu innerschulischen/außerschulischen Maßnahmen)
- **Unterstützung der Familie** (Unterstützung bei der Kontaktaufnahme, gemeinsame Regeln erarbeiten und deren Einhaltung im Auge behalten, z. B. über eine Tagesbilanzkarte)

Selbstreflexion: Beziehungsgestaltung zu Eltern

- Haben Sie an der Schule ein Konzept bzgl. Elternarbeit?
- Welche Bereiche werden in der Schule besonders umgesetzt?
- Welche Bereiche sind Ihnen in der Interaktion bzw. Zusammenarbeit mit Eltern besonders wichtig?
- Gibt es Bereiche, in denen Sie gern etwas verändern wollen?

Elterngespräche sollten stets von gegenseitiger Akzeptanz, Wertschätzung, Verständnis und dem guten Willen geprägt sein, das Beste für das Kind oder die*den Jugendliche*n zu erwirken. Aber leider müssen durchaus auch einmal kritische Themen besprochen und diskutiert werden. Bei solchen **Problemgesprächen** hat sich folgendes Vorgehen bewährt:

1. **Auswahl und Kommunikation des Problembereiches:** Es sollte nur ein Problembereich besprochen werden, sonst besteht die Gefahr der Verzettelung.
2. **Konkretisierung des Verhaltens und eventuell der Situationen:** Sie sollten konkrete Beispiele und Situationen nennen können, eventuell überlegen und notieren Sie sich diese am Vortag.
3. **Perspektive des Kindes mitbeachten**
4. **Ursachenanalyse:** Warum macht das Kind das? Wirkung?
5. **Problemlösung entwickeln:** Welche Maßnahmen können ergriffen werden: Familie, Schule, extern?
6. **eine Absprache treffen und dokumentieren**
7. **engmaschige Kontakte zur Kontrolle der Interventionen**

6.4 Was kann ich in einem akuten Notfall tun?

Als pädagogische oder psychologische Fachkraft sind Sie gewohnt, dass häufig Geschehnisse passieren, die Sie nicht eingeplant haben. Auftreten können diese im administrativen Bereich (z. B. Vertretungen), aber auch im pädagogischen Bereich (z. B. handfester Streit zwischen zwei Schüler*innen). Besonders beunruhigend für Lehrkräfte wird es, wenn es sich um **psychische Akutkrisen bei Schulkindern** handelt, weil hier das Wissen sowie die souveräne Handlungskompetenz bei vielen Pädagog*innen nicht ausreicht. Daher werden im folgenden Kapitel **klassische Notfälle** aufgezeigt, die bei Kindern und Jugendlichen mit Traumatisierungen häufiger auftreten können, sowie geeignete **Interventionen**, die im Kontext Schule angewendet werden können.

6.4.1 Allgemeine Verhaltensweisen und Maßnahmen

Traumatisierte Schulkinder können unter vielen Symptomen und Beschwerden leiden. Was können Sie tun, ...

... wenn ein Schulkind Angst davor hat, dass sich das Ereignis wiederholt und die damit verbundenen Reaktionen und Erinnerungen wieder ausgelöst werden?

- Wichtig ist hierbei, die Kinder dabei zu unterstützen, Situationen zu erkennen, die Erinnerungen an das traumatische Ereignis hervorrufen (z. B. Trigger).
- Weisen Sie immer wieder darauf hin, dass es einen Unterschied zwischen dem damaligen Ereignis und den Erinnerungen gibt. Versichern Sie dem Kind, dass es jetzt in Sicherheit ist.
- Sorgen Sie dafür – auch in Absprache mit Kolleg*innen – dass das traumatisierte Kind vor Berichterstattungen geschützt ist, die Ängste oder Erinnerungen an das Ereignis auslösen könnten.

... wenn ein Schulkind, das Ereignis immer wieder nacherzählen möchte?

- Dass traumatisierte Kinder und Jugendliche das Erlebte nachempfinden (über Geschichten, Zeichnungen), ist ein normales Verhalten. Zeigen Sie Verständnis, selbst wenn das Nacherzählen auf Sie irritierend wirken mag.
- Falls möglich, unterstützen Sie das Schulkind dabei, positive Lösungen des Problems zu finden. Hier kann man Nachfragen stellen, z. B. *„Schau, da kommt jetzt ein Zauberer. Was könnte der machen, damit es dir besser geht?"*. Bei Jugendlichen kann man nach dem Idol, Vorbild usw. fragen und danach, was dieses tun würde.

... wenn das Schulkind immer wieder über körperliche Beschwerden (z. B. Kopf-, Bauch- und Muskelschmerzen) klagt?

- Es muss zuerst geklärt werden, ob es eine medizinische Ursache gibt. Suchen Sie daher den Kontakt mit den Eltern/Bezugspersonen, damit diese alle nötigen Schritte für eine medizinische Untersuchung einleiten. Falls keine körperlichen Ursachen vorliegen, trösten Sie das Kind und versichern Sie ihm, dass seine Reaktionen (nach einem Trauma) normal sind.

- Gehen Sie außerdem bei fehlenden körperlichen Ursachen immer sachlich und objektiv mit dem Schulkind um. Manchmal kann zu viel Aufmerksamkeit und Zuwendung die Symptome verstärken oder chronifizieren.

Viele Lehrkräfte empfinden es als Herausforderung, wenn Kinder und Jugendliche **verbal oder körperlich Aggressionen** zeigen und dabei sich selbst oder andere verletzen wollen. Hier hat sich folgendes Vorgehen bewährt (eine ausführliche Beschreibung über das Vorgehen und vertiefende Informationen finden Sie bei Prölß, 2020 bzw. in den Praxisbeispielen):

1. als Lehrkraft Ruhe bewahren
2. Anerkennen der Gefühle bei dem*der Aggressor*in: Ich-Botschaften verwenden; *„Ich sehe, dass du sehr wütend bist, und ich kann das verstehen, aber …“.*
3. Maßnahmen zur Deeskalation ergreifen, z. B. Time-out, eingeübte Skills (z. B. Verwendung eines Wutballes, Verlassen der Situation)
4. Maßnahmen nach einer Eskalation, z. B. sachliches Gespräch, Wiedergutmachung
5. bei Bedrohung anderer Kinder Schutz der Mitschüler*innen gewährleisten

In den folgenden Kapiteln werden nun Anregungen gegeben, wie Sie mit verschiedenen akuten Symptomen, die im Zusammenhang mit einer PTBS stehen, umgehen können. **Die aufgeführten Maßnahmen sind als Anregung zu verstehen und bedürfen in der Regel einer Rücksprache mit den zuständigen Schulpsycholog*innen oder Therapeut*innen.**

Exkurs: Der bewusste Einsatz von Atemtechniken bei traumatisierten Kindern und Jugendlichen

Der Kontrolle der Atmung kommt bei Angst, Ärger oder Wut eine entscheidende Rolle zu. Wenn wir ängstlich, frustriert, verzweifelt oder gar wütend sind, atmen wir sehr oberflächlich, kurz und flach; man atmet mehr im Brustbereich und dementsprechend wird nicht das ganze Lungenvolumen ausgenutzt. Diese Atemtechnik führt zu einer Unterversorgung des Körpers mit Sauerstoff. Dies aktiviert wiederum das körpereigene „Gefahrenabwehrzentrum", was zu Stress führt.
Deshalb ist es in stressigen, angstauslösenden Situationen wichtig, die Luft länger und ruhiger in den Bauchraum strömen zu lassen (sogenannte Bauch- oder Vollatmung). Eine langsame und tiefere Atmung führt ganz automatisch zu einer Beruhigung und Entspannung des Körpers. Im Folgenden werden einige Übungen vorgestellt, die man mit Schüler*innen bei akuten Erregungszuständen (z. B. Angst, Wut) durchführen kann.

Übung 1: Bewusste Bauchatmung
Versuche, deinen Bauch beim Einatmen so weit wie möglich aufzublasen, als ob du ihn mit Luft füllen würdest. Lasse erst danach deine Brust anschwellen. Gehe beim Ausatmen genauso vor: Leere zuerst den Bauch, dann die Brust und das jeweils eine Minute lang.

Übung 2: Entschleunigung des Atems
Halte nach dem Einatmen kurz inne und zähle bis drei, bevor du langsam ausatmest. Die Pause kannst du gern vor jedem neuen Atemzug einlegen. Diese Technik kannst du mehrere Minuten durchführen.

Übung 3: Wechselatmung
Atme langsam durch ein Nasenloch ein, während du das andere mit einem Finger zuhältst. Anschließend wechselst du, hältst das andere Nasenloch zu und atmest durch dieses langsam aus und wieder ein, ehe du erneut die Position der Finger wechselst und wieder von vorn beginnst. Dieser Vorgang kann mehrere Minuten durchgeführt werden.

6.4.2 Das Wiedererleben von traumatischen Erfahrungen (Intrusionen)

Unter dem Begriff „Intrusionen" (Wiedererinnerungen) werden alle unkontrollierbaren, wiederkehrenden Bilder und Vorstellungen vom auslösenden Ereignis verstanden, die Betroffene immer wieder am Tag „überfallen" und die damals empfundenen Gedanken und Emotionen auslösen. Diese Bilder beinhalten beispielsweise bei geflüchteten Kindern und Jugendlichen häufig die schrecklichen Szenen von Getöteten und Verletzten. In der Regel werden diese Intrusionen durch Trigger ausgelöst.

Intrusionen sind nicht mit **Flashbacks** zu verwechseln, die eine deutlich höhere Intensität aufweisen und mit einem zeitweise vollständigen Realitäts- und Kontrollverlust einhergehen, sprich: das vollständige Wiedererleben des Traumas (Retraumatisierung; vgl. Garbe, 2016, S. 297). Bei Intrusionen ist die Ansprechbarkeit und Realitätskontrolle in der Regel noch eingeschränkt vorhanden (vgl. Fischer & Riedesser, 2023, S. 56). Im schulischen Bereich können gewisse Laute, Gerüche, das Aussehen einer Lehrkraft (z. B. Vollbart) oder spezielle Kleidung (z. B. schwarzer Kapuzenpullover) als Trigger fungieren.

MASSNAHMEN

Zuallererst gilt es, **Ruhe zu bewahren** und Sicherheit und Kontrolle auszustrahlen, auch wenn das Verhalten des Schülers oder der Schülerin irritierend und befremdlich wirken mag. Dann sollten Sie versuchen, die **bewusste Wahrnehmung** des*der Betroffenen auf die **aktuelle Umgebung** und auf das **Hier und Jetzt** zu richten. Durch die direkte Ansprache im „Hier und Jetzt" helfen wir den Betroffenen, sich bewusst auf die aktuelle Situation, die eigentlich keinen Grund für derartige Gefühle bietet, zu konzentrieren. Aussagen könnten beispielsweise sein: *„Du bist in der Schule an einem sicheren Ort. Schau dich um!"* Dadurch werden die Betroffenen von der Erinnerung abgelenkt und können gegebenenfalls die Intrusion unterbrechen.

Abb.: © M7Studio – Shutterstock.com

Eine weitere, sehr bewährte Methode ist die **5-4-3-2-1-Übung** (vgl. Lühr, Zens & Müller-Engelmann, 2021, S. 127):

1. Nenne mir fünf Dinge, die du auf dem Tisch/auf dem Boden/an der Wand/an der Decke siehst.
2. Nenne mir fünf Dinge, die du hören kannst.
3. Nenne mir fünf Dinge, die du spüren kannst.
4. Wiederholen Sie die Schritte 1, 2 und 3, dieses Mal mit jeweils vier (gleichen oder unterschiedlichen) Dingen, die das Kind sieht, hört und spürt. Dann geht es weiter mit drei Dingen, zwei Dingen und schließlich mit jeweils einer Wahrnehmung je Kategorie.

Eine weitere Maßnahme kann auch das **Herausgehen aus der Situation** oder das **Verlassen des Ortes** sein, wenn das Schulkind dazu in der Lage ist.

6.4.3 Vermeidung von angstauslösenden Situationen

Vermeidungsverhalten ist eine typische Reaktion bei vielen traumatisierten Kindern und Jugendlichen. Indem **bewusst oder unbewusst Situationen vermieden** werden, die zu stark an das traumatische, bedrohliche Ereignis erinnern können und somit die Gefahr beinhalten, das Trauma zu reaktualisieren (Intrusion), versucht der*die Betroffene, sich zu schützen. Sinnvoll ist es, im Vorfeld Auslöser, wie z. B. Situationen, Orte oder Räume, soziale Situationen oder Körperkontakt, zu kennen und dementsprechend möglichst zu vermeiden.

MASSNAHMEN

Bei Vermeidungsverhalten ist es wichtig, dass die Lehrkräfte im **Vorfeld** darüber **informiert** worden sind, welche Situationen der*die Betroffene meidet. Falls es trotz aller Vorkehrungen zu starken Vermeidungstendenzen kommen sollte (z. B. Nichtbetretenwollen der Sportumkleide) sollte man den*die **Betroffene*n über das Maß der Annäherung an das Vermiedene selbst bestimmen lassen**. Begleitend dazu ist es wichtig, unterstützend **äußere Sicherheit zu geben**, **Fortschritte zu benennen** und eine **schrittweise Annäherung wertzuschätzen**. Wenn ein Schulkind von entsprechenden Erlebnissen erzählen möchte, ist ein **empathisches** und **ver-**

ständnisvolles Zuhören wünschenswert, aber ein **gezieltes Nachfragen** (vor allem Nachbohren) sollten Sie vermeiden.

Tipp: Es steht auch jeder Lehrkraft jederzeit frei, ein Gespräch wegen zeitlicher oder emotionaler Belastung zu verschieben. Geben Sie dann dem Kind einen überschaubaren zeitlichen Rahmen, in dem Sie das Gespräch wieder aufnehmen.

6.4.4 Dissoziation in bedrohlichen Situationen

Dissoziationen treten sehr häufig während und nach dem traumatischen Ereignis auf. Betroffene berichten, sie hätten sich z. B. während der erlebten Gewalttat völlig neben sich gefühlt, hätten sich gedanklich von ihrem Körper gelöst und seien in einem Schwebezustand gewesen. Auch **Amnesien** sind eine Form der Abspaltung, indem Erinnerungen verdrängt bzw. vergessen werden, die Umgebung oder Teile davon nicht mehr adäquat wahrgenommen werden (**Derealisierung**) oder Teile der eigenen Person abgespalten werden (**Depersonalisierung**).

MASSNAHMEN

Bei einer akuten Dissoziation besteht die einzige Maßnahme darin, das betroffene Schulkind wieder ins „**Hier und Jetzt**" zu holen. Hierzu kann man auf verschiedenen Ebenen agieren (die Maßnahmen sollten immer von dem*der Betroffenen selbst durchgeführt werden; bei Bedarf kann Anleitung durch die Lehrkraft erfolgen):

1. **körperliche Wahrnehmung**: aufstehen, abklopfen, klatschen, fest auftreten, hüpfen, überkreuzen
2. **räumliche Orientierung**: sich im Raum umsehen, Blick nach draußen richten, Augen bewegen
3. **olfaktorische Reize**: Gerüche, Düfte (z. B. Riechsalz, Parfüm)
4. **gustatorische Reize**: scharfe Bonbons, scharfe Kaugummis (auf altersangemessene Schärfe achten)
5. **körperliches Spüren**: Igel-Ball drücken, Gummizug am Handgelenk schnalzen lassen, bewusst atmen

Auch die Bereitstellung eines Notfallkoffers im Klassenzimmer – am besten nach Rücksprache mit dem Therapeuten bzw. der Therapeutin, kann bei einer akuten Dissoziation helfen. Bestandteile könnten beispielsweise sein:

- Duftöle
- Kärtchen mit motivierenden Sprüchen
- kleiner Igel- oder Akupressurball
- scharfe Bonbons (z. B. Fisherman's Friend® bei älteren Kindern)
- Haargummis fürs Handgelenk
- Knetgummi

7. Konkrete Praxisbeispiele

7. Konkrete Praxisbeispiele

Bei den Beispielen in diesem Kapitel handelt es sich nicht um reale Fälle, gleichwohl sind realistische und prototypische Situationen dargestellt, die in ähnlicher Form in der Praxis vorkommen. Sie sollen Sie für mögliche Ausgangslagen, die Situation der Betroffenen und Handlungsoptionen sensibilisieren. Wichtig ist auch, diese Beispiele nicht als Handlungsanleitungen zu verstehen. Im realen pädagogischen Kontext gilt es immer, die konkrete Situation in ihrer Komplexität und Individualität zu berücksichtigen.

7.1 Fallbeispiel Luisa (6 Jahre), Grundschule, Bindungsstörung

Die Pflegeeltern von Luisa kommen in die Sprechstunde, weil sie mit dem Verhalten ihres Pflegekindes zu Hause nicht mehr zurechtkommen:

„Wir lieben Luisa wie unsere eigene Tochter, aber es ist momentan sehr schwer, an sie heranzukommen. Wenn sie traurig ist, möchte sie darüber mit keinem von uns reden. Und wenn man sie trösten will, schaut sie weg und verschwindet dann stumm in ihrem Zimmer. Möchte man sie trotzdem trösten, werden diese Versuche mit Kommentaren wie ‚Lass mich in Ruhe!' oder ‚Hau ab!' abgewiesen", erzählt Ihnen die Pflegemutter.

„Luisas Vater ist unbekannt. Sie wurde von einer alkoholabhängigen Mutter mit etwa einem halben Jahr nach der Geburt aufgrund extremer emotionaler und körperlicher Vernachlässigung durch das Jugendamt in Obhut genommen. Die Mutter reagierte mit Wut, Ablehnung oder körperlicher Gewalt auf ihr weinendes Kind oder hat es stundenlang schreien lassen, weil sie mit der Situation völlig überfordert war. Nach wechselnden Heimaufenthalten haben wir Luisa vor einem Jahr bei uns als Pflegekind aufgenommen. Der Kontakt zur leiblichen Mutter ist sehr sporadisch", ergänzt der Pflegevater.

SITUATIONSERFASSUNG UND TRAUMASPEZIFISCHES WISSEN

Viele Informationen kann man bereits dem Gespräch mit den Pflegeeltern entnehmen. So hat laut Aussagen des Pflegevaters Luisa in den **ersten sechs Monaten extreme körperliche und emotionale Vernachlässigung erlebt** und in der Folge keine emotional stabile Bindung zu ihrer leiblichen Mutter aufbauen können. Diese

Situation hat sich wahrscheinlich in den ersten Lebensjahren durch die **wechselnden Heimaufenthalte** und den damit verbundenen Wechsel der Bezugspersonen weiter verschlechtert. Durch diese mangelhaften und negativen Bindungs- und Beziehungserfahrungen hat Luisa **kein Urvertrauen** in ihre Umwelt aufbauen können und zeigt nun Verhaltensauffälligkeiten, z. B. will sie nicht getröstet werden, wenn sie Kummer hat; sie reagiert auf Tröstungsversuche der Pflegeeltern z. T. sogar mit Ablehnung (vgl. Kapitel 1.6). Um die verschiedenen Informationen besser zu strukturieren und zu visualisieren, könnte man als **ergänzende Maßnahme** das **Zeichnen einer Lebenslinie** (siehe Kapitel 4.4) durchführen.

BEOBACHTUNGEN SEITENS DER LEHRKRAFT

Auch Sie haben bereits Auffälligkeiten bei Luisa beobachten können. Luisa ist eine **Einzelgängerin**, in die Klassengemeinschaft konnten Sie bis jetzt noch nicht integrieren. Zudem wirkt sie oft **ängstlich** und nimmt nicht mit der **typischen kindlichen Freude** und Lebendigkeit an den schulischen Aktivitäten teil. Darüber hinaus sucht Luisa sehr häufig die **Nähe zu Ihnen als Lehrkraft** (möchte beispielsweise an die Hand genommen werden oder möchte sich regelmäßig auf Ihren Schoß setzen). Die **Leistungen** in der Schule (z. B. Schriftspracherwerb, Erlernen der Zahlen) liegen im normalen, durchschnittlichen Bereich. Wortbeiträge werden zwar sehr **zaghaft formuliert, sind aber meist inhaltlich richtig**.

HANDLUNGSMÖGLICHKEITEN DER LEHRKRAFT

Als Lehrkraft haben Sie nun verschiedene Möglichkeiten, Luisa und ihre Pflegeeltern zu unterstützen:

1. **Verweis an Unterstützungssysteme zur diagnostischen Abklärung und Therapie**: Um eine professionelle Einschätzung der Situation zu erhalten, verweisen Sie die Eltern zunächst an die zur Verfügung stehenden schulischen Hilfssysteme (z. B. Schulpsychologischer Dienst) und darüber hinaus an die schulexternen Unterstützungssysteme (z. B. Kinder- und Jugendpsychiater*innen, Kinder- und Jugendpsychotherapeut*innen).

Aufgrund der vorliegenden Daten wird bei der psychologischen Untersuchung wahrscheinlich bei Luisa eine „Reaktive Bindungsstörung des Kindesalters" festgestellt werden.

2. **Die Wohlfühlebene (= einen sicheren Rahmen bieten)**: Hier sollten Sie neben dem **Bedürfnis des „Sich-Wohlfühlens"** (z. B. Sitzplatzwahl, Lieblingsfarbe bei Namenskärtchen, Lieblingsspiel wählen lassen) auch das **Sicherheitsbedürfnis** beachten. Dazu zählen **Rituale und Strukturen**, die Sie bei ihrer Einführung bzw. bei einer Veränderung entsprechend erklären sollten. Dazu gehört auch das Kenntlichmachen von **Veränderungen im Tagesablauf**. Ein besonderes Augenmerk sollte auf der **Pausensituation** liegen, ob hier evtl. Rückzugsmöglichkeiten oder Ruheräume bereitgestellt werden können.

3. **Die Beziehungsebene (= eine sichere Beziehung bieten)**: Hier ist es besonders wichtig, **häufige Lehrkraftwechsel zu vermeiden**, soweit dies schulorganisatorisch möglich ist. Gleiches gilt für das andere Schulpersonal, wie Sozialarbeiter*innen oder Schulpsycholog*innen. Zudem ist es immer ratsam, eine **klare und einfache Sprache** zu verwenden und regelmäßig den Blickkontakt zu der Schülerin zu suchen. Ferner sollte versucht werden, Luisa in die **Klassengemeinschaft besser zu integrieren**, falls sie es zulässt. Hier kann z. B. ein Soziogramm durchgeführt werden, um anhand der Ergebnisse daraus passgenauere Gruppen zu bilden. Eine weitere Maßnahme ist das Spiel **„Mein geheimer Freund/meine geheime Freundin"** (siehe Kapitel 6.2.2).

4. **Die Persönlichkeitsebene (= Selbstwert steigern)**: Für die Stabilisierung von Luisas Selbstwert und damit für eine Steigerung der Selbstwirksamkeit kann ihr beispielsweise eine **spezielle Aufgabe** oder ein Dienst übertragen werden, aber Sie müssen darauf achten, dass Luisa damit nicht überfordert wird. Auch kann die **Methode des Ressourcenpools** (mit zeichnerischen, künstlerischen Elementen) verwendet werden. Um ergänzend die ganze Klasse zu aktivieren und allen Schüler*innen etwas Gutes zu tun, könnte **„Die warme Dusche"** angewandt werden.

5. **Die Kompetenzebene (= Handlungsmöglichkeiten an die Hand geben)**: Bei Kindern mit Verdacht auf eine Bindungsproblematik sind **alle Übungen sinnvoll, die der Verbesserung bei der Identifikation, Differenzierung und Regulation von Gefühlen** dienen. Hierzu können Elemente aus **sozialen Kompetenztrai-**

nings im Klassenverband angewendet werden. Ein spezielles soziales Kompetenztraining könnte je nach schulinterner Aufgabenverteilung auch durch Schulsozialarbeiter*innen oder Schulpsycholog*innen durchgeführt werden. Zudem sollte Luisa im Klassenraum **eine Rückzugsmöglichkeit** zur Verfügung gestellt werden (z. B. Ruheecke, Nebenraum). Ferner könnte mit Luisa ein „**Geheimsignal**" vereinbart werden, falls es ihr durch die vielen sozialen Kontakte oder schulischen Anforderungen zu viel werden sollte und sie eine Pause braucht.

7.2 Fallbeispiel Nessar (14 Jahre), Mittelschule, PTBS

Nessar[8] (14 Jahre) kommt in Begleitung seiner Mutter zu Ihnen in die Sprechstunde. Nessar hat seit mehreren Wochen nicht mehr am Unterricht teilgenommen.

Nessar ist vor einem Jahr nach Deutschland gekommen und besucht seit ca. sechs Monaten eine 8. Klasse. Die Einschulung an einer Mittelschule verlief ohne Probleme. Am Unterricht selbst nahm Nessar nur sporadisch teil. War er in der Schule, wirkte er stellenweise sehr schreckhaft, war häufig nicht bei der Sache und reagierte bei Problemen mit Mitschülern sehr aggressiv. Seit zwei Monaten war Nessar gar nicht mehr in der Schule zu sehen, da ihn die Mutter immer wieder schriftlich entschuldigt hat. Als Sie ihn auf das Fernbleiben vom Unterricht ansprechen, antwortet der Schüler:

„Wie Sie wissen, bin ich in Afghanistan geboren und habe meinen Vater bei einem Bombenattentat verloren. Seit mehreren Wochen habe ich auf einmal starke Erinnerungen an diese Explosion und schlimme Albträume. Ich sehe immer das Splittern von Glas, ich höre die Todesschreie der Menschen. Ich fühle mich immer furchtbar schlecht, weil ich meinen Vater zurückgelassen habe."

„Er hat sich von all seinen Freunden zurückgezogen", ergänzt die Mutter. *„Er kann im Fernsehen keine Nachrichten mehr ansehen. Und wenn er die Nachbarkinder schreien hört, ist er ganz außer sich. Er hat jegliche Lebensfreude verloren, interessiert sich weder für die Schule noch für seine Freunde. Nessar hat früher gern und viel gelesen – wegen seiner Schlafstörung und seinen Konzentrationsproblemen geht das nicht mehr. Auch längeren Gesprächen kann er nicht mehr folgen."*

---

[8] Bei diesem Beispiel soll der Fokus auf den traumaspezifischen Symptomen liegen und nicht auf eventuellen sprachlichen Defiziten bei Schulkindern mit Fluchterfahrung.

SITUATIONSERFASSUNG UND TRAUMASPEZIFISCHES WISSEN

Durch die Äußerungen von Nessar selbst und den Ergänzungen seitens seiner Mutter hat man bereits einige relevante Informationen für die Ursachen seiner Schulvermeidung erhalten. So äußerte der Schüler, dass er ein **traumatisches Ereignis erlebt hat** und er seit mehreren Wochen **von Albträumen geplagt wird**, in denen er die Situation von damals nochmals erlebt. Zudem schildert er, dass er immer wieder **bildhaften und emotionalen Erinnerungen an das Trauma (Intrusionen)** ausgesetzt ist und diese z. B. durch das Schreien von Kindern **hervorgerufen werden.** Um traumatischen Erinnerungen vorzubeugen, meidet Nessar Filme oder Berichte im Fernsehen oder in den sozialen Medien, die ihn an das Trauma erinnern könnten **(Vermeidungsverhalten)**. Ferner weist Nessar Symptome einer erhöhten **vegetativen Erregtheit** auf: Er ist schreckhaft, leicht reizbar, leidet an einer Schlafstörung und hat Konzentrationsprobleme.

Sie als Lehrkraft haben sein **schreckhaftes** und **stellenweise sehr impulsives, aggressives Verhalten** beobachten können. Nessar wirkte zudem an den Unterrichtstagen sehr **unkonzentriert** und nicht bei der Sache. Um die aufgezeigten Symptome für sich selbst zu strukturieren und sie besser einzuordnen, kann hier als ergänzende Maßnahme die **Grobeinschätzung Posttraumatische Belastungsstörung** (siehe Kapitel 3.2) angewendet werden, um der Mutter gleich die passende Ansprechperson (in dem Fall Kinder- und Jugendpsychiater*in) zu einer Diagnosestellung nennen zu können.

HANDLUNGSMÖGLICHKEITEN DER LEHRKRAFT

Als Lehrkraft haben Sie nun verschiedene Möglichkeiten, Nessar und seine Mutter zu unterstützen.

1. **Verweis an Unterstützungssysteme zur diagnostischen Abklärung und Therapie**: Bei der aktuellen Symptomatik von Nessar (Flashbacks, Albträume, Schulvermeidung, Leidensdruck) ist eine medizinisch-psychologische Abklärung unabdingbar. Aufgrund der vorliegenden Daten liegt bei Nessar wahrscheinlich eine „Posttraumatische Belastungsstörung" vor. Bei diesem Schweregrad der Symptomatik kann davon ausgegangen werden, dass Nessar eine voll- oder zumindest eine teilstationäre Behandlung erhalten wird. Das hat zur Folge, dass er dann weitere Wochen nicht in der Schule sein wird und vermutlich in der Klinik beschult wird, deren Lehrkräfte Sie mit Material versorgen sollten.

2. **Umgang nach einer möglichen Entlassung aus der Klinik und Rückführung in das Regelschulsystem**: Hier können Sie sich am BELLA-Konzept (vgl. Kapitel 6.1) orientieren: **B**eziehungsaufbau, **E**rfassen der Situation, **L**inderung der Symptomatik, **L**eute miteinbeziehen und **A**nsätze zur Lösungsfindung. Wenn der Schüler nach ein paar Tagen in der Klassengemeinschaft wieder angekommen ist, kann nach dem bedürfnisorientierten Ansatz weitergearbeitet werden.

3. **Die Wohlfühlebene (= einen sicheren Rahmen bieten)**: Neben den klassischen Bereichen, wie einem angenehmen Sitzplatz oder die Berücksichtigung des*der Lieblingssitznachbar*in, sollte bei Nessar vor allem der Fokus auf der **Triggeridentifikation und -vermeidung** liegen, um ihm einen sicheren Ort in der Schule zu ermöglichen. Hierzu sollten z. B. Kolleg*innen aufgeklärt werden, dass **Filme, Videos oder auch Nachrichten mit Gewaltinhalten** nicht in dieser Klasse gezeigt werden sollen. Auch in der **Pausensituation** sollte besondere Achtsamkeit angewendet werden, da auch schreiende Kinder oder Rangeleien bei Nessar eventuell wieder Flashbacks oder Intrusionen auslösen könnten. Im Zuge der **Fürsorgepflicht** sollten auch alle Lehrkräfte, die in dieser Klasse unterrichten, über das Krankheitsbild, die Symptome und vor allem über die Notfallmaßnahmen bei psychischen Notfällen (z. B. Dissoziation, siehe Kapitel 6.4.4) informiert sein.

4. **Die Beziehungsebene (= eine sichere Beziehung bieten)**: Bei Nessar sollte darauf geachtet werden, dass **keine häufigen Wechsel von Lehrkräften oder pädagogisch-psychologischem Personal** (z. B. Sozialarbeiter*in) stattfinden. Ebenfalls wichtig ist in so einer Situation, die **Mitschüler*innen über die Situation von Nessar aufzuklären**, damit diese sein Verhalten besser verstehen und einordnen können. Hierzu kann beispielsweise das Buch „Leuchtturm sein: Trauma verstehen und betroffenen Kindern helfen“ (siehe Medientipps) angewendet werden. Ferner kann man den Betroffenen immer selbst fragen, was er noch bräuchte, um sich wohlzufühlen.

5. **Die Persönlichkeitsebene (= Selbstwert steigern)**: Da Nessar starke Schulgefühle aufzeigt und zudem ein gewisses Ohnmachtsgefühl erlebt hat, ist es sinnvoll, die **Ressourcen des Schülers** zu aktivieren. Hierzu kann beispielsweise die **Vier-Felder-Ressourcentafel** (siehe Kapitel 6.2.3) Anwendung finden, weil neben dem schulischen Bereich auch Familie und Freizeit darin berücksichtigt werden. Auch die Anlegung eines **Ressourcenpools** mit Antworten auf die Fragen *„Was tut mir gut?“* oder *„Was hat mir bis jetzt immer gut geholfen?“* wäre eine Möglichkeit,

den Selbstwert von Nessar zu stabilisieren und seinen Glauben an sich selbst zu steigern (Selbstwirksamkeit).

6. **Die Kompetenzebene (= Handlungsmöglichkeiten an die Hand geben)**: Hier sollte man Nessar erlauben, die in der Klinik oder beim Psychologen bzw. der Psychologin eingeübten Skills (Maßnahmen, die ergriffen werden, wenn Betroffene merken, dass die Anspannung zu viel wird) ausführen zu dürfen. Darunter fallen Maßnahmen, wie das Drücken eines Wutballes, das Beißen auf ein scharfes Bonbon oder sportliche Aktivitäten, wie Treppensteigen. Zudem sollten **Rückzugsmöglichkeiten** (z. B. Nebenraum, Schulsozialarbeiterzimmer) bereitgestellt werden. Bei traumatisierten Kindern – gerade mit impulsiven und aggressiven Tendenzen – hilft es, wenn regelmäßig **Entspannungsübungen** durchgeführt werden. Hierzu können verschiedene Programme oder Trainings angewendet werden (siehe Medientipps). In diesem Fall sollte aber im Vorfeld Rücksprache mit Nessar selbst oder mit der Klinik gehalten werden, ob diese Methode für Nessar geeignet ist.

7.3 Fallbeispiel Samira (7 Jahre), Grundschule, Vernachlässigung

Samira (7) ist erst seit drei Wochen in ihrer zweiten Klasse, weil die Eltern umgezogen sind. Bereits nach dieser kurzen Zeit ist Ihnen aufgefallen, dass sie meist kein Pausenbrot dabeihat und tagelang dieselbe Kleidung trägt – selbst wenn diese stark verschmutzt ist. Auch ihr körperlicher Hygienezustand ist fragwürdig. Sie scheint wenig elterliche Unterstützung bei ihren schulischen Pflichten zu erhalten (Hausaufgaben und Schulmaterial sind oft unvollständig, sie kommt zu spät zum Unterricht.). Im Morgenkreis berichtet sie von übermäßigem TV- und PC-Konsum bis spät in die Nacht, v. a. wenn ihre Eltern nicht da seien. Im Kontakt mit anderen Kindern wirkt Samira sehr zurückhaltend, schüchtern, verängstigt und vermeidet Blickkontakt. Die anderen Kinder meiden sie. Eine Freundin hat sie noch nicht, aber ihren Plüschbär hat sie stets dabei, der nach ihren eigenen Angaben auf sie aufpasst.

Bei einem Telefonat mit der Mutter sagt Ihnen diese, dass sich Samira in der Früh allein anziehen soll; Zähne putzen und ihr Pausenbrot herrichten muss sie ebenfalls selbst. *„Das kann man von einer Zweitklässlerin schon erwarten"*, ergänzt die Mutter. Die Mutter ist aktuell schwanger und hat mit Schwangerschaftskomplikationen zu kämpfen; der Kindsvater ist als Lkw-Fahrer während der Woche immer unterwegs.

An den Wochenenden, so berichtet die Mutter, gehen sie und ihr Mann gern aus, seit Samira in die Schule geht, weil sie ihrer Meinung nach einmal einen Abend allein zu Hause sein kann, schließlich kämen sie ja meist bis Mitternacht wieder nach Hause. Mit der zweiten Schwangerschaft sind der Mutter die gemeinsamen Aktivitäten mit ihrem Mann am Wochenende besonders wichtig geworden, weil sie noch von Samiras ersten Jahren erinnert, dass sie selten Freizeitgelegenheiten wahrnehmen konnte. Auf Ihre Rückfrage hin, ob Samira an den Abenden wirklich ganz allein in der Wohnung sei, antwortete die Mutter, dass sie notfalls immer zu den Nachbarn gehen könne.

SITUATIONSERFASSUNG UND TRAUMASPEZIFISCHES WISSEN

Nach den Aussagen von Samira, den Äußerungen der Mutter sowie auch den eigenen Beobachtungen kann davon ausgegangen werden, dass bei Samira eine **körperliche und seelische Vernachlässigung** vorliegt. Der Begriff beschreibt die **Unkenntnis** oder **Unfähigkeit** von Eltern, die körperlichen, seelischen, geistigen und materiellen Grundbedürfnisse eines Kindes zu befriedigen. Kindesvernachlässigung ist im Kern auch immer eine **Beziehungsstörung**.

Starke Vernachlässigung kann neben der **Gefährdung der körperlichen, geistigen und sozio-emotionalen Entwicklung** des Kindes auch im schlimmsten Fall zu einer **Traumafolge- und Bindungsstörung** bei Kindern führen (siehe Kapitel 3.3 und Kapitel 3.5). Einige Symptome deuten bereits auf einen ungünstigen Entwicklungsverlauf bei Samira hin: ängstliche Grundhaltung, regressives Verhalten (*„Mein Plüschbär passt auf mich auf."*), Isolation und Auffälligkeiten in der sozialen Interaktion.

Exkurs: Was können Indizien für eine körperliche und seelische Vernachlässigung sein?

Bei einem Verdacht auf Vernachlässigung, egal ob seelisch und/oder körperlich, sollte man als pädagogische Fachkraft besonders auf Auffälligkeiten in folgenden Bereichen achten (ZBFS, 2022):

Bereich Grundversorgung:
- Werden ärztliche Untersuchungen wahrgenommen?
- Wie ist der körperliche Zustand (z. B. Mangelernährung)?
- Ist die Körperpflege auseichend?
- Wie ist die Bekleidung (z. B. sehr verschmutzt)?
- Besucht das Kind/der*die Jugendliche jugendgefährdende Orte?
- Nehmen die Eltern ihre Aufsichtspflicht wahr (z. B. Wo ist das Kind in der Nacht)?

Bereich Familie:
- War das Kind ein Wunschkind?
- Wurden bereits die Eltern in ihrer Kindheit Opfer von Misshandlungen/ Vernachlässigung (familiäre Vorbelastung)?
- Wie sind die Wohn- und Arbeitsverhältnisse der Eltern?
- Liegt eine psychische Erkrankung bei einem Elternteil vor?
- Ist ein Elternteil alleinerziehend oder minderjährig?

Bereich kindliche Entwicklung:
- Zeigt das Kind starke Abweichungen vom alterstypischen Entwicklungsstand?
- Ist ein unregelmäßiger Kindergarten- oder Schulbesuch erkennbar?
- Ist das Kind häufig krank?
- Sind bereits Anzeichen psychischer Erkrankungen erkennbar?

HANDLUNGSMÖGLICHKEITEN DER LEHRKRAFT

Bei einem akuten Verdacht der Vernachlässigung (und somit auch der Gefahr der Kindeswohlgefährdung) sind im Vorfeld, besonders in der Kontaktaufnahme mit den Eltern, ein paar Schritte zu beachten, die im Folgenden skizziert werden (siehe auch Kapitel 6.3).

Als erster Grundsatz gilt es, **Ruhe zu bewahren** und nicht in einen blinden Aktionismus zu verfallen. Als nächsten Schritt sollte die Lehrkraft die **Eltern kontaktieren** und zu einem **zeitnahen Gespräch** einladen, um die Eltern persönlich besser kennenzulernen. In diesem Gespräch sollte die Lehrkraft ihre **Sorge** um das Kind äußern (Verwendung von **Ich-Botschaften**, z. B. *„Ich habe den Eindruck, dass ...“*, *„Ich mache mir Sorgen, weil ...“*). In diesem Zusammenhang kann man die Eltern auch über mögliche **schulinterne** (z. B. Schulpsychologischer Dienst, Schulsozialarbeit) und **schulexterne Hilfssysteme** (z. B. Psychologische Beratungsstellen oder Jugendamt) aufklären. Im Idealfall nehmen die Eltern das Angebot an.

Im „**worst case**“ weisen die Eltern alle Hilfsangebote zurück, da sie in ihren Augen keinerlei Probleme haben und folglich auch keinen akuten Handlungsbedarf sehen. Das Problem bei der Vernachlässigung ist, dass häufig **handfeste Beweise** fehlen (z. B. blaue Flecken). Trotzdem kann man als Lehrkraft ein Gespräch mit dem zuständigen Jugendamt führen und um eine **pseudonymisierte Beratung** (nach § 8b SGB VIII) bitten. Hier kann man ohne Angaben des*der Betroffenen um eine Gefahreneinschätzung durch das Jugendamt ersuchen. Somit begeht man keine Verletzung der Schweigepflicht. Die Mitarbeiter*innen geben dann entweder das weitere Handlungsprozedere vor oder verlangen sogar bei einer akuten Gefährdung des Kindes die persönlichen Daten des Kindes (z. B. bei Bedarf der Inobhutnahme). Dann übernehmen die Mitarbeiter*innen des Jugendamtes den Fall und kümmern sich um das weitere Vorgehen.

Neben dem Kontakt zu den Eltern sollten parallel bedürfnisorientierte Maßnahmen durch die Lehrkraft ergriffen werden, um Samira in ihrer Persönlichkeitsentwicklung positiv zu unterstützen.

1. **Die Wohlfühlebene (= einen sicheren Rahmen bieten)**: Hier kann man bei der Raumausstattung auf die Bedürfnisse von Samira eingehen, indem man ihr erlaubt, zumindest noch für eine begrenzte Zeit, ihren **Plüschbären mitzubringen** und diesem eventuell sogar einen **eigenen Platz anzubieten**. Zudem sollte die Schülerin über die aktuellen **Regeln und Rituale** in der Klasse informiert und bei deren Einhaltung unterstützt werden.

2. **Die Beziehungsebene (= eine sichere Beziehung bieten)**: Bei Kindern mit Verdacht auf Vernachlässigung ist es wichtig, dass **hier keine häufigen Bezugspersonenwechsel** stattfinden. Um die Integration sowie das Ankommen von Samira in der Klasse zu erleichtern, könnte man ein „**Willkommens-Klassenfrühstück**" durchführen und Samira **einen Paten bzw. eine Patin für die Pausen** an die Seite stellen. Da Samira noch wenige Kinder in ihrer Klasse gut kennt, würde sich hier die Anwendung der „**Beziehungskreise**" (siehe Kapitel 6.2.2) anbieten, um die Schüler*innen zu ermitteln, mit denen Samira bereits guten Kontakt aufgebaut hat.

3. **Die Persönlichkeitsebene (= Selbstwert steigern)**: Da bei Samira sicherlich auch das Selbstbewusstsein sehr instabil sein wird, ist es sinnvoll, ihre Stärken und Ressourcen zu aktivieren. Hier könnte man z. B. neben einer bewährten Methode, wie der Übertragung eines **speziellen Klassendienstes** an Samira, mit der ganzen Klasse ein **Stärkewappen zum Thema „Was kann ich alles gut?"** (siehe Kapitel 6.2.3) im Kunstunterricht malen oder basteln lassen und die fertigen Wappen in Kleingruppen besprechen. Auch die Erstellung eines individuellen **Freudetagebuches** zu den schönen Momenten in der Schule sollte helfen, die positiven Seiten an der neuen Klassengemeinschaft hervorzuheben. Das Freudetagebuch kann z. B. unter dem Tisch aufbewahrt werden und zu gewissen Zeiten bearbeitet werden.

4. **Die Kompetenzebene (= Handlungsmöglichkeiten an die Hand geben)**: Da Samira in der Interaktion mit anderen Kindern unsicher wirkt, bieten sich bei dieser Thematik alle Maßnahmen an, die die sozialen Kompetenzen des Kindes fördern. Man kann beispielsweise die Eltern auf mögliche **soziale Kompetenztrainings** hinweisen, die gelegentlich durch Schulsozialarbeiter*innen oder Schulpsycholog*innen durchgeführt werden. Ihnen als Lehrkraft stehen für diese Thematik viele **Spiele** oder **spezielles Unterrichtsmaterial** zur Verfügung. Anregungen können etwa aus dem Buch „30 x Soziales Lernen für 45 Minuten" (siehe Medientipps) entnommen werden. Zum Thema „**unkontrollierter Handy- und TV-Konsum**" könnte ein Projekttag oder eine ganze Themenwoche zum Thema „Medienkompetenz" durchgeführt werden, zu dem auch die Eltern eingeladen sind (Anregungen finden Sie z. B. unter www.medienfuehrerschein.bayern).

7.4 Fallbeispiel Karl (11 Jahre), Gesamtschule, akute Belastungsreaktion

Der 11-jährige Schüler Karl kommt in Begleitung seiner Mutter am Montagmorgen vor Unterrichtsbeginn zu Ihnen ins Klassenzimmer. Auslöser für das Gespräch ist der plötzliche Auszug des Vaters aus der gemeinsamen Wohnung in der letzten Woche und die daraus resultierende Verhaltensveränderung Karls.

„Die Entscheidung meines Mannes kam für uns alle überraschend", erzählt die Mutter. *„Karl reagierte wie benebelt in diesem Moment. Er irrte im Haus umher und fing an, sinnlose Dinge zu tun, z. B. seine T-Shirts aus dem Schrank zu nehmen und sie zu falten. Danach war er sehr aggressiv, wütend und schlug grundlos auf Schränke ein."* Karl kann nach Aussagen der Mutter nicht verstehen, warum der Vater sie wortlos und ohne Angabe von Gründen verlassen hat. Zudem beschreibt Karl im Gespräch, dass er seit dem Auszug seines Vaters nicht mehr schlafen könne, sich sehr erschöpft fühle und eigentlich gar keine Lust auf Schule habe.

Seine Mutter ergänzt: *„Karl hat seit Freitagnachmittag vermehrt Angst, macht sich starke Sorgen um die Zukunft und wacht stellenweise schweißgebadet in der Nacht auf."*

SITUATIONSERFASSUNG UND TRAUMASPEZIFISCHES WISSEN

Karl und seine Mutter haben eine starke Lebensveränderungskrise erlebt (Englbrecht & Storath, 2005). Das bedeutet, dass sich von heute auf morgen gravierende familiäre oder soziale Veränderungen ergeben haben, die zu starkem subjektiven Leiden führen können. Da es sich bei dieser Krisensituation laut ICD-10-Definition nicht um ein „lebensbedrohliches Ereignis" handelt, wird im weiteren Verlauf auch nicht von einem Trauma, sondern von einer **akuten Belastungsreaktion** ausgegangen (siehe Kapitel 3.1). Diese Vermutung wird mit dem Zeitpunkt des Auftretens (wenige Tage nach dem Ereignis) sowie der Symptomatik untermauert. Hierzu kann die **Checkliste „Typische Reaktionen nach Krisen"** (siehe Kapitel 3.1) zu Hilfe genommen werden.

Auf den Punkt: Die oben genannten Symptome sind nach einem kritischen Lebensereignis eine normale menschliche Reaktion, die den Betroffenen auch zugestanden werden muss. Psychologische und medizinische Maßnahmen sind spätestens nach sieben Tagen zu ergreifen, wenn bis dahin noch keine Linderung der Symptomatik eingetreten ist.

HANDLUNGSMÖGLICHKEITEN DER LEHRKRAFT

Ein wichtiger Aspekt bei dieser Fragestellung ist die korrekte und auch beruhigende **Aufklärung** der Mutter und von Karl selbst. Hier sollte den Betroffenen mitgeteilt werden, dass die Symptome in den ersten Tagen ein normales Verhalten sind. Zudem sollte aber deutlich der Hinweis erfolgen, falls die Symptomatik länger andauern oder sich verschlimmern sollte, sich an **entsprechende Stellen**, wie den Schulpsychologischen Dienst oder an ihre Hausarztpraxis, zu wenden.

Aus traumapädagogischer Sicht würde im ersten Moment das Vorgehen nach dem **BELLA-Konzept (vgl. Kapitel 6.1)** ausreichen. Neben der Anwendung des BELLA-Konzeptes sollte dennoch darauf geachtet werden, dass der schulische Alltag, soweit es möglich ist, uneingeschränkt weitergeführt wird. **Die Aufnahme der Alltagspflichten durch den Betroffenen sorgt für Struktur und somit auch für eine gewisse Sicherheit.**

1. **Beziehungsaufbau:** Hier sollte die Lehrkraft besonders auf eine empathische und wertschätzende Haltung achten und Karl rückmelden, dass er in der Schule sowie im Klassenverbund einen sicheren Halt und Unterstützung findet. Diese Sicherheit kann gegeben werden, indem die Lehrkraft beispielsweise anbietet, dass der Schüler diese Woche nicht abgefragt wird oder falls er das Bedürfnis zum Reden hat, sich jederzeit für ein Gespräch an eine Person seiner Wahl (z. B. Vertrauenslehrkraft, Schulsozialarbeiter*in) wenden kann.

2. **Erfassen der Situation:** Um die aktuelle Situation richtig zu erfassen und auch zu deuten, wäre es günstig, noch am selben Tag ein Einzelgespräch mit der Mutter zu führen, um weitere pädagogisch-relevante Details zu erfahren. In diesem Gespräch sollten die bereits durchgeführten oder angedachten Interventionsmaßnahmen besprochen werden. Aber auch weitere körperliche oder psychische Beeinträchtigungen können erfragt werden: Schlafverhalten, Essverhalten, Selbstzweifel oder Schuldgefühle.

3. **Linderung der Symptomatik**: Wie bereits erwähnt, sollte hier nochmals dem Jungen erklärt werden, dass die gezeigten Symptome als Warnsignale des Körpers definiert sind und somit ein natürlicher Ausdruck auf die belastende Situation sind. Daher sollte Karl auch ermutigt werden, Gefühle zuzulassen (z. B. Wut). Der Fokus sollte auf Verhaltensweisen gerichtet sein, die dem Betroffenen guttun. Falls die Gefühle zu stark werden sollten, kann man den Betroffenen empfehlen, **Entspannungstechniken** (z. B. Meditation oder Atemtechniken, siehe Kapitel 6.4.1) oder andere **Skills** (z. B. Bewegung) anzuwenden. Es ist dann sinnvoll, die Durchführung dieser Techniken auch während des Unterrichts zu erlauben.

Anmerkung: Starke Schuldgefühle sind bei Kindern und Jugendlichen nach Veränderungskrisen sehr häufig zu beobachten. Hierauf sollte seitens der Mutter, aber auch von der Lehrkraft besonders geachtet werden. Bewährte Methoden sind das **Reden mit vertrauten Personen** (z. B. enge*r Freund*in) und auch das **Loslassen der eigenen Vorwürfe** (*„Ich konnte in der Situation nicht anders handeln.“*). Bei starker Ausprägung mit einhergehendem Leidensdruck sollte professionelle Unterstützung gesucht werden.

4. **Leute einbeziehen**: Soziale Ressourcen zu aktivieren, ist gerade bei Kindern und Jugendlichen ein wichtiger Aspekt zur Stabilisierung und Verarbeitung von kritischen Lebensereignissen. Hierzu sollte im Vorfeld oder im direkten Kontakt geklärt werden, welche sozialen Ressourcen dem*der Betroffenen eigentlich zur Verfügung stehen (z. B. Freundinnen und Freunde aus Schule, Vereinen und Familie). Gibt es in der Klasse jemanden, zu dem das Schulkind eine tragfähige und vertrauensvolle Beziehung hat? Hier kann direkt das Gespräch mit Karl gesucht werden, wen er sich an seiner Seite wünscht. Häufig reicht es vielen Betroffenen bereits, wenn sie neben ihrem besten Freund bzw. ihrer besten Freundin sitzen dürfen oder auch mal in der Pause im Klassenzimmer bleiben können.

5. **Ansätze zur Lösungsfindung**: Im Sinne des Ressourcenansatzes sollte an die bisherigen Lösungsstrategien/-kompetenzen von Karl angeknüpft werden und diese auch weitergeführt oder ausgebaut werden: Was hast du bereits gemacht? Was hat dir gutgetan? Was hat dir bis jetzt geholfen? Im Fall von Karl könnte das Falten von Wäsche darauf hindeuten, dass Aufgaben, die ihm Ordnung und

Struktur vermitteln, hilfreich für ihn sind. Unterstützen können den Betroffenen auch gezielte schulinterne Hilfsangebote, wie ein Verweis an die Schulsoziarbeit, oder auch schulexterne Angebote (z. B. Arbeitsgruppe Scheidungskinder, die häufig von psychologischen Beratungsstellen angeboten werden).
Wenn sich der Schüler nach ein paar Tagen wieder erholt hat, kann theoretisch nach dem bedürfnisorientierten Ansatz weitergearbeitet werden. Hierzu sollte man aber im Vorfeld klären, wo Karls Bedarfe liegen (z. B. mangelnde soziale Unterstützung in der Klasse, Selbstzweifel, Zukunftsangst *„Wie geht es weiter?“*) und darauf den Schwerpunkt setzen.

Falls Karl im Klassenzimmer **aggressiv** auftreten sollte (siehe Kapitel 6.4.1), bietet sich ein Vorgehen gemäß dem folgenden Notfallplan an:

1. **Ruhe bewahren!** Sie sind der*die Erwachsene.

2. **Validierung der Gefühle**: Hierzu sollten Sie Ich-Botschaften verwenden (z. B. *„Ich sehe, dass du sehr wütend bist …“, „Ich kann verstehen, dass dich diese … wütend gemacht hat.“*). Durch das Ansprechen der Gefühlsebene wird Wertschätzung und Verständnis vermittelt, was zu einer Deeskalation der Konfliktlage führen sollte.

3. **Maßnahmen der Deeskalation**: Hierzu kann der Schüler an die eingeübten Entspannungstechniken (z. B. Atemtechniken) erinnert werden (z. B. *„Du hast doch mit Herrn/Frau XY für solche Situation eine Technik eingeübt. Versuche, diese jetzt anzuwenden!“*). Auch die Umlenkung der Aggression ist eine denkbare Maßnahme zur Deeskalation (*„Karl, lauf doch bitte 5-mal den Gang auf und ab.“*).

4. **Schutz der anderen Kinder**: Falls der Junge trotz der oben genannten Maßnahmen nicht zu beruhigen ist, muss der Schutz der anderen Schüler gewährleistet werden. Rechtliche Grundlagen dazu bieten § 32 bzw. § 34 StGB (Notwehr oder Notstand). Dennoch muss man als Lehrkraft immer darauf achten, dass alle ergriffenen Maßnahmen, die zum Schutz der anderen Kinder notwendig sind, verhältnismäßig sind.

5. **Maßnahmen nach der Situation**: Nach einer Eskalation ist es psychologisch sinnvoll, ein sachliches Gespräch zu führen (z. B. Was war der Grund für die Eskalation?). Sind andere Schüler*innen in Form von Verletzungen beteiligt gewesen oder wurden Gegenstände beschädigt, könnte eine Verschriftlichung oder eine Wiedergutmachung (z. B. Entschuldigungskarte) erfolgen.

8. Selbstfürsorge für Lehrkräfte und pädagogische Fachkräfte

8. Selbstfürsorge für Lehrkräfte und pädagogische Fachkräfte

Die persönliche Interaktion mit schwer belasteten oder hochgradig traumatisierten Schüler*innen in Schulen stellt für pädagogische, begleitende und betreuende Fachkräfte häufig eine große Herausforderung dar. Jede Lehrkraft fühlt – und leidet manchmal selbst – mit den betroffenen Kindern und Jugendlichen mit, denen traumatische Ereignisse widerfahren sind. Aber durch dieses starke Empathie-Empfinden und stellenweise das erlebte Überforderungsgefühl (Wie kann ich dem Kind gerecht werden? Hoffentlich mache ich nichts falsch?) können bei den Lehrkräften selbst Belastungsreaktionen auftreten. Im Folgenden werden drei Phänomene beschrieben, die häufig bei Lehrkräften auftreten, die mit traumatisierten Kindern und Jugendlichen arbeiten. Zudem werden Empfehlungen zur Stärkung der individuellen Schutzfaktoren dargestellt.

8.1 Mögliche Risiken für Lehrkräfte

ÜBERTRAGUNGS- UND GEGENÜBERTRAGUNGSPROZESSE

„Übertragungs- und Gegenübertragungsprozesse" sind laut der psychoanalytischen Schule bei jeder zwischenmenschlichen Kommunikation zu finden. Bei der Übertragung werden alte Erfahrungen mit zwischenmenschlichen Beziehungen und Bindungen in aktuellen Beziehungen reaktiviert (z. B. die Angst, verlassen zu werden). Bei der Übertragung geht es darum, welche Gefühle, Erwartungen und Wünsche eine Botschaft des Senders beim Empfänger auslöst und wie dieser damit umgeht. Kurz gesagt: Lässt sich der*die Empfänger*in durch eine Aussage provozieren, weil er*sie sie persönlich nimmt? Oder kann er*sie die Aussage ohne emotionale Reaktion aushalten (vgl. Prölß, 2023)?

Sehr häufig kann es im pädagogischen Setting dazu kommen, dass trotz der wertschätzenden, wohlwollenden und fürsorglichen Einstellung der Lehrkraft die Betroffenen nicht sofort mit Dankbarkeit, Freude und Entspannung, sondern mit **Misstrauen, Angst und Rückzug, Wut und Aggression, Verachtung und Ablehnung reagieren.** Solche Verhaltensweisen sind oft das Ergebnis der Traumatisierung (z. B. bei steter Ablehnung durch ein Elternteil). Ein derartiges Verhalten stellt die Lehrkräfte vor die Herausforderung, den Schulkindern empathisch gegenüberzutreten und zugleich nicht an sich selbst zu zweifeln. Diese inkonsistente innere Gefühlslage einer pädagogischen Fachkraft wirkt sich meist auf den Umgang mit dem betroffenen Kind oder dem*der Jugendlichen aus, was bei diesen wiederum Verunsicherung und neue Bindungsängste auslöst. Häufig werden dadurch deren Erfahrungen mit Erwachsenen und Bezugspersonen bestätigt und ihre Verhaltensweisen verstärkt. Ein Teufelskreis beginnt (vgl. Barwinski, 2023; Garbe, 2023, S. 46–49).

DIE SEKUNDÄRE TRAUMATISIERUNG

Eine **sekundäre Traumatisierung** ist ein Risiko, das bei allen Beteiligten, schwerpunktmäßig aber bei helfenden und pädagogischen Berufen, auftreten kann. Hierbei handelt es sich um eine „**Übertragung der Traumatisierung**" durch starkes Mitgefühl, Zuhören und vor allem bildhaftes Vorstellen, und das, ohne dass die betreffende Person mit dem traumatischen Ereignis in Kontakt gekommen ist. Sekundäre Traumatisierungen entstehen vor allem dann, wenn die traumatisierten Personen **starke Ähnlichkeiten mit der eigenen Person oder einem nahestehenden Menschen aufweisen** (z. B. das traumatisierte Kind im Vorkurs bzw. in der Vorklasse hat das gleiche Alter wie die eigene Tochter). Ausgelöst wird dieser Vorgang durch Spiegelneuronen, spezielle Nervenzellen, die dafür sorgen, dass wir nicht nur das, was uns widerfährt, sondern auch das, was andere erleiden, in uns fühlen können. Eigene unbearbeitete Traumata können auch im Kontakt mit belasteten Kindern reaktiviert werden und eine entsprechende Symptomatik hervorrufen. Bei sekundären Traumatisierungen handelt es sich um einen schleichenden Prozess, der mit **Symptomen ähnlich denen der Posttraumatischen Belastungsstörung** (PTBS) einhergehen kann.

DAS BURN-OUT-SYNDROM

Das **Burn-out-Syndrom** bezeichnet den Zustand körperlicher, emotionaler und geistiger Erschöpfung und wird durch ein langzeitiges Engagement in emotional überfordernden Situationen ausgelöst. Die Gründe für das Burn-out-Syndrom bei Lehrkräften sind, wie bei so vielen sozialen Berufen, mannigfach, da man ständig mit verschiedenen Lebensgeschichten und Entwicklungsherausforderungen (z. B. Scheidungskinder, Lernschwächen) konfrontiert wird und seinen Schüler*innen bestmöglich helfen möchte. Kommen nun noch traumatisierte Personen dazu, stellt das eine zusätzliche, nicht unerhebliche pädagogische und psychische Belastungssituation dar.

Neben den allgemeinen pädagogischen Herausforderungen treten häufig diverse **Beschwerden seitens der Eltern** gegenüber der Lehrkraft auf – besonders bei bindungstraumatisierten Kindern und Jugendlichen, die häufig aus belasteten Familienkonstellationen stammen. Gerade ein Personenkreis mit beispielsweise Broken-Home-Verhältnissen[9] tendiert dazu, die Schuld häufig zu externalisieren. Lehrkräfte werden dann mit Kritik konfrontiert, die stellenweise gegen die eigene Person gerichtet wird (z. B. *„Sie arbeiten zu unpädagogisch. Mögen Sie überhaupt Kinder?"*). Eigene Unfähigkeiten der Eltern werden dabei auf die Lehrkraft projiziert, was wiederum bei der Lehrkraft oft zu Selbstzweifeln und Unsicherheit gegenüber den Erwartungen und Forderungen von außen führt.

Burn-out-Symptome können in folgende drei Hauptbereiche untergliedert werden, die beispielsweise bei einer ärztlichen Diagnosestellung abgeprüft werden (vgl. Hillert, Koch & Lehr, 2013):

Die **emotionale Erschöpfung** resultiert aus einer übermäßigen emotionalen oder physischen Anstrengung (Anspannung). Die Betroffenen fühlen sich schwach, kraftlos, müde und matt. Sie leiden unter Antriebsschwäche und sind leicht reizbar.

Die **Depersonalisierung** zeigt sich bei Betroffenen in einer zunehmenden Distanzierung zu sich selbst und den Schüler*innen, Eltern und Kolleg*innen. Symptome hierbei sind zunehmende Gleichgültigkeit und teilweise Zynismus.

Die letzte Stufe stellt das **kontinuierliche Erleben von Misserfolg** dar. Betroffene Lehrkräfte haben häufig das Gefühl, dass sie trotz hohen Einsatzes nicht viel erreichen oder bewirken können. Es mangelt an Erlebnissen des Erfolges. Darunter leidet der Glaube an den Sinn der eigenen Tätigkeit und der Selbstwirksamkeit.

Ein Burn-out entwickelt sich nicht von heute auf morgen, sondern dem völligen Erschöpfungszustand geht in der Regel ein längerer Prozess voraus. Der Psychoanalytiker Herbert Freudenberger hat diesen Vorgang in zwölf Phasen untergliedert (vgl. Ponocny-Seliger & Winkler, 2014). Die folgenden Phasen müssen dabei jedoch nicht zwingend in der folgenden Reihenfolge durchlaufen werden.

[9] *In der Sozialpsychologie wird der Ausdruck „Broken home" verwendet, um instabile familiäre Bedingungen zu beschreiben, welche potenziell schädliche Auswirkungen auf die Entwicklung von Kindern haben können.*

- Phase 1: der Zwang, sich zu beweisen
- Phase 2: verstärkter Einsatz (extremes Leistungsstreben)
- Phase 3: Vernachlässigung eigener Bedürfnisse und sozialer Kontakte
- Phase 4: Überspielen und Verdrängen von Konflikten (und Bedürfnissen)

Bei den Phasen 1 bis 4 spricht man von den sogenannten **Alarmreaktionen**. Hier kann mit Psychoedukation und Gesprächen das beginnende Burn-out noch abgewendet werden.

- Phase 5: Zweifel an und Umdeutung von eigenen, vorher wichtigen Werten
- Phase 6: Verleugnung der neu auftretenden Probleme
- Phase 7: (sozialer) Rückzug
- Phase 8: Verhaltensänderung (vor allem Zunahme von Gefühlen der Wertlosigkeit und von Ängsten)

Bei den Phasen 5 bis 8 spricht man von der **Widerstandsphase**. Hier versucht die Psyche mit stellenweise adaptiven Maßnahmen, den beginnenden Zusammenbruch zu verhindern. In diesen Phasen ist eine spezielle und professionelle Beratung indiziert.

- Phase 9: Depersonalisation durch Kontaktverlust zu sich selbst; das Leben läuft überwiegend mechanisch ab.
- Phase 10: innere Leere
- Phase 11: Depression
- Phase 12: völlige Erschöpfung (bis hin zu suizidalen Gedanken)

Die **Erschöpfungsphase** bildet den Zustand ab der Phase 9. Hier sind die Personen bereits vom Burn-out betroffen und benötigen therapeutische Unterstützung.

8.2 Individuelle Schutzfaktoren (Resilienz)

Neben dem Erkennen von Risikofaktoren und dem frühzeitigen Reagieren auf Symptome einer beginnenden Sekundärtraumatisierung oder eines Burn-out-Syndroms ist es in der Arbeit mit traumatisierten Kindern und Jugendlichen wichtig, die eigenen individuellen Schutzfaktoren zu stärken. Hier gibt es verschiedene Möglichkeiten, sich selbst etwas Gutes zu tun (vgl. Berndt, 2015, S. 181–203).

Eine Möglichkeit besteht darin, das **Mindset** (die Denkweise) zu überdenken und zu verändern. Hier sind vor allem die Werte, Überzeugungen und auch Einstellungen zu gewissen Themen, Personen usw. gemeint. Beispielsweise gibt es Situationen, die man nicht ändern kann, weil das nicht in der eigenen Macht liegt (z. B. Bildungspolitik). Hier empfehlen Psycholog*innen den Ansatz der (**radikalen**) **Akzeptanz.** Damit ist gemeint, dass Personen durch ständiges Grübeln und Schimpfen über Gegebenheiten, die man nicht ändern kann, in ein negatives Gedankenkarussell (Problemtrance) geraten, das sie emotional belastet und auch das Arbeiten an konstruktiven Lösungen behindert. Gängige Punkte, die z. B. häufig in Supervisionsgruppen mit Lehrkräften auftauchen und genannt werden, sind: zu wenig Personal an den Schulen, zu große Klassen, zu viele Kinder, die Unterstützung brauchen. Das Entscheidende ist jetzt, nicht in Lethargie zu fallen, sondern das Beste im Rahmen des eigenen Handlungsspielraums zu tun, aber dennoch die gesetzlichen, organisatorischen und pädagogischen Grenzen und Möglichkeiten zu akzeptieren (auch wenn es häufig schwerfällt).

Ein weiterer Schutzfaktor ist **Optimismus.** Menschen, die eine optimistische Lebenshaltung haben, reflektieren negative Situationen und Gefühle und suchen nach konkreten, realistischen Lösungen, mit ihnen umzugehen. Optimismus hat darüber hinaus einen positiven Effekt auf die physische und psychische Gesundheit. Ferner ist belegt, dass optimistische Menschen generell weniger gestresst sind bzw. auch mit Stress besser umgehen können. Aber wie kann man sich eine optimistische Grundhaltung antrainieren? Hier ein paar Anregungen für den beruflichen Alltag:

- Rufen Sie sich immer wieder positive Ereignisse und Situationen aus dem Schulalltag ins Bewusstsein (z. B. Dankeskarten von Schüler*innen/Eltern/Kolleg*innen gut sichtbar aufhängen).

- Vermeiden Sie nach Möglichkeit Kontakt mit negativen Menschen und chronischen Nörgler*innen, da diese in der Regel nicht an konkreten Lösungen interessiert sind.
- Nehmen Sie Kritik nie persönlich, sondern als Anregung, sich weiterzuentwickeln.
- Stecken Sie sich realistische Ziele. Überambitionierte Zielvorstellungen sind häufig nicht erreichbar und führen zu Frustration, wenn man diese nicht erfüllt.
- Glauben Sie an eine gute Zukunft, auch wenn es in manchen Situationen nicht so aussieht („*Alles wird gut werden.*" oder „*Es kommen auch wieder bessere Zeiten.*").

Neben der persönlichen Einstellung zu gewissen Themen spielen auch die eigenen Kompetenzen und **Handlungsmöglichkeiten** eine Rolle. Dieses Phänomen kann mit dem Stressmodell nach Lazarus & Folkman (vgl. Zimbardo & Gerrig, 2004, S. 574 f.) illustriert werden. Die Lehrkraft bewertet die aktuelle Situation in einer **primären Bewertung**, z. B. „*Ich bekomme eine neue Schülerin in die Klasse, die ihre Eltern im Krieg verloren hat*". Im nächsten Schritt wird die Lehrkraft die eigenen Kompetenzen und Fähigkeiten bewerten, um mit dieser Situation umzugehen. Das ist die **sekundäre Bewertung**, z. B. „*Was weiß ich bereits zu diesem Thema? Habe ich bereits so eine Situation gehabt und kann auf Erfahrungswerte zurückgreifen?*". Kommt die Lehrkraft nun bei der **abschließenden Bewertung** zu dem Ergebnis, dass sie weder die Möglichkeiten hat noch die Kompetenzen besitzt, diesem Mädchen gerecht zu werden, entstehen Stress und Unwohlsein. Um diesen Vorgang der Stressentstehung zu durchbrechen, ist es empfehlenswert, die Handlungskompetenzen der Lehrkräfte in diesem Bereich zu steigern. Das kann u. a. mit dem regelmäßigen Besuch von Fort- und Weiterbildungen zu diesem Themenbereich (z. B. Traumapädagogik) geschehen.

Neben der Schulung eigener Kompetenzen sollten auch die **sozialen Kontakte** nicht vernachlässigt werden. Ein funktionierendes soziales Netzwerk ist eine wichtige Säule, um Überforderung, Stress und Burn-out vorzubeugen. Im privaten Bereich sollten daher Treffen mit Familie und Freund*innen nicht zu kurz kommen, da diese Aktivitäten helfen, auf andere Gedanken zu kommen, und eventuell sogar dazu beitragen, die Arbeit komplett zu vergessen.

Achtung: Dieses Vorgehen funktioniert allerdings nur, wenn Ihr Freundeskreis nicht in erster Linie aus Kolleg*innen besteht. Bilden vor allem Arbeitskolleg*innen den Freundeskreis, besteht die Gefahr, dass man sich auch am Feierabend nur wieder mit den Themen „Schule, Schüler*innen und Bildung" beschäftigt, was wiederum ein „gedankliches Abschalten" von der Arbeit fast unmöglich macht.

Neben den privaten Netzwerken sollten auch die **beruflichen Netzwerke** gefördert und professionalisiert werden. Traumapädagogisches Handeln in der Schule versteht sich als Gesamtkonzept, das die Schüler*innen und die Lehrkräfte einbezieht. Dazu gehört ein wertschätzender Umgang der Lehrkräfte miteinander und mit sich selbst, z. B. durch Reflexion und Selbstfürsorge. Um die Professionalisierung in Kollegien zu verbessern, eignet sich neben dem Anbieten von themenbezogenen Fortbildungen die Methode der Supervision. Hier können Kolleg*innen unter Anleitung eines zertifizierten Supervisors bzw. einer zertifizierten Supervisorin (z. B. Zertifizierung durch den Berufsverband Deutscher Psychologinnen und Psychologen) konkrete Fälle aus ihrem beruflichen Alltag besprechen und reflektieren. Durch die Anwesenheit einer neutralen Person (Supervisor*in) besteht auch nicht die Gefahr, dass die Teilnehmer*innen in die Problemtrance geraten. Stattdessen steht der fachliche Input, den die Kolleg*innen hier erhalten, und vor allem der partnerschaftliche fachliche Austausch (z. B. *„Den anderen Kolleg*innen geht es mit diesem Schüler genauso wie mir."*) im Vordergrund. Denn die besten Lösungsansätze kann man im hochkomplexen System Schule gerade von denjenigen erhalten, die mit ähnlichen Problemen konfrontiert sind.

9. Medien

9. Medien

9.1 Linktipps

https://elternratgeber-fluechtlinge.de/
Ein Elternratgeber für geflüchtete Familien von der Bundespsychotherapeutenkammer mit vielen Informationen auf mehreren Sprachen.

https://www.susannestein.de/trauma-bilderbuch/
Ein Bilderbuch für Flüchtlingsfamilien und ihre Unterstützer*innen in zehn Sprachen (u. a. Farsi, Arabisch und Ukrainisch).

https://beauftragte-missbrauch.de/
Viele Informationen zum Thema „sexuelle Gewalt und Belästigung" von der unabhängigen Beauftragten für Fragen des sexuellen Kindesmissbrauchs (UBSKM) der Bundesregierung.

https://www.degpt.de/startseite/
Deutschsprachige Gesellschaft für Psychotraumatologie (DeGPT e. V.). Hier findet man viele Informationen zum Thema „Trauma und Therapie" sowie auch Listen mit zertifizierten Traumatherapeut*innen.

https://www.gptg.eu/
Gesellschaft für Psychotraumatologie, Traumatherapie und Gewaltforschung (GPTG e. V.). Hier finden sich Informationen zu Therapiemethoden und Listen mit zertifizierten Traumatherapeut*innen.

https://www.bbk.bund.de/DE/Home/home_node.html
Das Bundesamt für Bevölkerungsschutz und Katastrophenhilfe bietet auf seiner Homepage (Rubrik Krisenmanagement) viele Broschüren rund um das Thema „Hilfen und Umgang mit traumatisierten Kindern und Jugendlichen" an, auch mehrsprachig.

9.2 Medientipps – weiterführende oder unterstützende Literatur

Brug, Femmy. **Achtsamkeit und Yoga in der Grundschule.** Kleine Übungen leicht erklärt und sinnvoll eingesetzt.
Verlag an der Ruhr:
Mülheim an der Ruhr 2018.
ISBN 9783834637802

Gliemann, Claudia. **Rotkäppchen, wie geht es dir?**
Monterosa Verlag: Karlsruhe 2020.
ISBN 9783942640121

Gulden, Elke; Pohl, Gabriele; Scheer, Bettina. **30 Kinderyoga-Bildkarten.** Übungen und Reime für kleine Yogis. Yogakarten.
Don Bosco: München 2020.

Hoffmann, Kirsten; Kordelle-Elfner, Katja; von Lilienfeld-Toal, Veronika; Metz, Kerstin. **Stopp – Kinder gehen gewaltfrei mit Konflikten um.** Praktische Bausteine zur Gewaltprävention (1. bis 4. Klasse).
Persen Verlag: Hamburg 2021.
ISBN 9783403201298

Jegodtka, Renata; Luitjens, Peter. **Kim, Tim-Tiger und das gefährliche Etwas.**
Vandenhoeck & Ruprecht: Göttingen 2018.
ISBN 9783525405154

Kern, Tita; Büchner, Sabine. **Leuchtturm sein.** Trauma verstehen und betroffenen Kindern helfen.
Kösel-Verlag: München 2019.
ISBN 9783466372065

Kirsch, Dieter; Götzinger, Marina. **Grundschulkinder werden Streitschlichter – Ein Ausbildungsprogramm mit vielen Kopiervorlagen.**
Verlag an der Ruhr:
Mülheim an der Ruhr 2002.
ISBN 9783860728543

Krüger, Andreas. **Power Book – Erste Hilfe für die Seele.**
Elbe & Krüger Verlag: Hamburg 2011.
ISBN 9783981428209

Kurt, Aline. **30 x Soziales Lernen für 45 Minuten.** Fertige Stunden zur Förderung der Sozialkompetenz.
Verlag an der Ruhr:
Mülheim an der Ruhr 2020.
ISBN 9783834627216

Lackner, Regina. **Wie Pippa wieder lachen lernte.** Fachliche Hilfe für traumatisierte Kinder.
Springer: Berlin 2006.
ISBN 9783211224144

Lempertz, Daniela. **Emmas kleines Wunder.** Ein Buch über Psychotherapie für Mädchen und Jungen.
Mebes & Noack: Köln 2015.
ISBN 9783939635024

Roberts, Ceri. **Weltkugel 2: Wie ist es, wenn man kein Zuhause hat?**
Alles über Flucht und Migration.
Gabriel Verlag: Stuttgart 2018.
ISBN 9783522305112

Schöllmann, Evelyn; Schöllmann, Sven.
Die Giraffensprache für ein gutes Klassenklima in der Grundschule.
Übungen, Spiele, Kopiervorlagen und Lieder zur Gewaltfreien Kommunikation.
Verlag an der Ruhr:
Mülheim an der Ruhr: 2023.
ISBN 9783834662286

Schöllmann, Evelyn; Schöllmann, Sven.
Gewaltfreie Kommunikation in der Sekundarstufe. Übungen, Spiele und Kopiervorlagen für ein gutes Klassenklima.
Verlag an der Ruhr:
Mülheim an der Ruhr 2023.
ISBN 9783834663955

Snel, Eline; Lademacher, Anja. **Stillsitzen wie ein Frosch.** Kinderleichte Meditationen für Groß und Klein.
Goldmann Verlag: München 2013.
ISBN 9783442220281

Spilsbury, Louise. **Weltkugel 3: Wie ist es, wenn es Krieg gibt?**
Alles über Konflikte.
Gabriel Verlag: Stuttgart 2019.
ISBN 9783522305341

Thömmes, Arthur. **Soziales Lernen.**
Fertige Stundenbilder für Highlights zwischendurch.
Verlag an der Ruhr:
Mülheim an der Ruhr 2023.
ISBN 9783834637338

Van Hout, Mies. **Heute bin ich.**
Aracari Verlag: Zürich 2012.
ISBN 9783905945300

Van Hout, Mies. **Heute bin ich.**
Kunstkarten-Set.
Aracari Verlag: Zürich 2013.
ISBN 9783905945997

Zeltner, Susanne; Tschirren, Barbara; Leuenberger, Bruno. **Yussef und die Erinnerungsgeister.** Kindern und Jugendlichen PTBS erklären.
Kids in BALANCE.
Balance Buch & Medien Verlag:
Köln 2018.
ISBN 9783867391290

Wende, Petra; Bauer, Verena. **Meine Sinne.** Eine Werkstatt – Klasse 1/2.
Verlag an der Ruhr:
Mülheim an der Ruhr 2012.
ISBN 9783834609526

9.3 Literaturverzeichnis

Andreatta, Pia; Juen, Barbara. Spielen Schuldzuschreibungen eine zentrale Rolle in der Erholung nach Trauma? Das Zusammenspiel von Trauma, Schuld, Verantwortung und Schutzfaktoren. In: Trauma & Gewalt, 14(1), 2020, S. 42–55.

Augsburger, Mareike; Maercker, Andreas. Posttraumatische Belastungsstörungen. PTBS und KPTBS: Ein Leitfaden für die Diagnostik und Behandlung. Kohlhammer: Stuttgart, 2020.

Bartens, Werner (14.04.2014). Traumatische Erlebnisse prägen das Erbgut. In: Süddeutsche Zeitung (online). Link: www.sueddeutsche.de/gesundheit/genetik-traumatische-erlebnisse-praegen-das-erbgut-1.1936886 (abgerufen am 02.05.2024).

Barwinski, Rosmarie. Trauma und Gegenübertragung. Klett-Cotta: Stuttgart, 2023.

Berndt, Christina. Resilienz: Das Geheimnis der psychischen Widerstandskraft – Was uns stark macht gegen Stress, Depressionen und Burn-out. DTV: München, 2015.

BKA. Auswertung der Polizeilichen Kriminalstatistik 2021. Link: www.bka.de/SharedDocs/Kurzmeldungen/DE/Kurzmeldungen/220530_PK_KindlicheGewaltopfer2021.html (abgerufen am 02.05.2024).

Bohleber, Werner. Die Traumatheorie in der Psychoanalyse. In: Seidler, Günter; Freyberger, Harald; Glaesmer, Heide; Gahleitner, Silke Birgitta (Hrsg.). Handbuch der Psychotraumatologie. Klett-Cotta: Stuttgart, 2011, S. 107–117.

Brem-Gräser, Luitgard. Familie in Tieren. Die Familiensituation im Spiegel der Kinderzeichnung; Ernst Reinhardt: München, 2011.

Buchheim, Anna; Kernberg, Otto; Netzer, Nikolaus; Buchheim, Peter; Perchtold-Stefan, Corinna u. a. Differenzielle neuronale Reaktionen auf psychoanalytische Interventionstechniken während eines strukturellen Interviews nach Otto Kernberg. Eine Einzelfallanalyse mittels EEG. In: Persönlichkeitsstörungen, 27(4), 2023, S. 360–377.

Christ, Rosa. Mitteilungen der GPTG. Gesichter der GPTG (Interview zum Thema Geburtstraumata). In: Trauma & Gewalt, 18(1), 2024, S. 92–93.

Cohen, Judith A.; Mannarino, Anthony P.; Deblinger, Esther. Traumafokussierte kognitive Verhaltenstherapie bei Kindern und Jugendlichen. Springer: Heidelberg, 2009.

Diener, Marc; Monroe, Joel. The relationship between adult attachment style and therapeutic alliance in individual psychotherapy: a meta-analytic review. In: Psychotherapy, 48(3), 2011, S. 237–248.

Dittrich, Katja; Borg-Laufs, Michael. Kindeswohlgefährdung und psychische Grundbedürfnisse. In: Dies. (Hrsg.). Psychische Grundbedürfnisse in Kindheit und Jugend: Perspektiven für soziale Arbeit und Psychotherapie, dgvt: Tübingen, 2010, S. 87–99.

Ebner-Priemer, Ulrich; Eid, Michael; Kleindienst, Nikolaus; Stabenow, Simon; Trull, Timothy. Analytic strategies for understanding affective (in)stability and other dynamic processes in psychopathology. In: Journal of Abnormal Psychology, 118(1), 2009, S. 195–202.

Englbrecht, Arthur; Storath, Roland. Erziehen: Handlungsrezepte für den Schulalltag in der Sekundarstufe – In Krisen helfen. Cornelsen: Berlin, 2005.

Erikson, Erik. Identität und Lebenszyklus. Suhrkamp: Frankfurt, 1971.

Ermann, Michael. Trauma und Traumafolgen aus psychodynamischer Sicht. In: Psychotherapeut, 50(3), 2005, S. 209–228.

Fischer, Gottfried; Riedesser, Peter. Lehrbuch der Psychotraumatologie, 6. Aufl. Ernst Reinhardt: München, 2023.

Freud, Anna; Burlingham, Dorothy. War and Children. Greenwood Press: Westport, 1973 (Erstausgabe: Willard: New York 1943)

Garbe, Elke. Das kindliche Entwicklungstrauma. Klett-Cotta: Stuttgart, 2016.

Garbe, Elke. Trauma und Lebenswege. Klett-Cotta: Stuttgart, 2023.

Goedecke, Lena (13.06.2019). Im Netzwerkt der Angst: Wie Nervenzellen kommunizieren. Link: https://www.uni-muenster.de/Cells-in-Motion/de/newsviews/2019/06-13.html (abgerufen an 02.05.2024).

Goethe-Institut Warschau (Hrsg.) (o. J.). Ratgeber zur Gestaltung von Klassenräumen. Link: https://www.goethe.de/resources/files/pdf165/gi-dhk-ratgeber-1-de.pdf (abgerufen am 02.05.2024).

Graf, Shannen; Schechter, Daniel. The Impact of Maternal Interpersonal Violent Trauma and Related Psychopathology on Child Outcomes and Intergenerational Transmission. In: Current Psychiatry Reports, 26(4), 2024, S. 166–175.

Grawe, Klaus. Neuropsychotherapie. Hogrefe: Göttingen, 2004.

Guay, Frederic; Ratelle, Catherine; Roy, Amelie; Litalien, David. Academic self-concept, autonomous academic motivation and academic achievement: Mediating and additive effects. In: Learning and Individual Differences, 20(6), 2010, S. 644–653.

Haslinger, Bernhard; Janta, Bernhard (Hrsg.). Der unbewusste Mensch. Zwischen Psychoanalyse und neurobiologischer Evidenz. Psychosozial-Verlag: Gießen, 2019.

Hillert, Andreas; Koch, Stefan; Lehr, Dirk. Das Burnout-Phänomen am Beispiel des Lehrerberufs. In: Nervenarzt, Heftnummer 84(7), 2013, S. 806–812.

ICD-10-GM Version 2024. Internationale statistische Klassifikation der Krankheiten und verwandter Gesundheitsprobleme. 10. Revision. German Modification, Version 2024. Link: https://klassifikationen.bfarm.de/icd-10-gm/kode-suche/htmlgm2024/index.htm (abgerufen am 02.05.2024).

Imm-Bazlen, Ulrike; Schmieg, Anne-Katrin. Begleitung von Flüchtlingen mit traumatischen Erfahrungen. Springer: Heidelberg, 2017.

Jarzombek, Stefan. Psychische Grundbedürfnisse und deren Befriedigung in der Schule. Ein Handbuch für Pädagogik und Therapie. BoD: Norderstedt, 2020.

Kessler, Roland; McLaughlin, Katie; Green, Jennifer u. a. Childhood adversities and adult psychopathology in the WHO World Mental Health Surveys. In: The British Journal of Psychiatry, 197(5), 2010, S. 378–385.

Kirsch, Veronica; Rassenhofer, Miriam. Reaktionen auf schwere Belastungen. In: Kölch, Michael; Rassenhofer, Miriam; Fegert, Jörg. Klinikmanual Kinder- und Jugendpsychiatrie und -psychotherapie. Springer: Heidelberg, 2020, S. 285–311.

Kohlböck, Gabriele; Jahnke-Majorkovi, Ann-Christin; Sevecke, Kathrin. Selbst- und Fremdbild der Persönlichkeit bei Kindern und Jugendlichen. Ein Schritt auf dem Weg in die Therapie. In: Persönlichkeitsstörungen, 28(1), 2024, S. 31–47.

Kölch, Michael; Allroggen, Marc; Plener, Paul. Persönlichkeitsentwicklungsstörungen, Persönlichkeitsstörungen. In: Kölch, Michael; Rassenhofer, Miriam; Fegert, Jörg (Hrsg.). Klinikmanual Kinder- und Jugendpsychiatrie und -psychotherapie. Springer: Heidelberg, 2020, S. 399–415.

Lazarus, Richard; Folkman, Susan. Stress, Appraisal, and Coping. Springer: New York, 1984.

Leichsenring, Falk; Rabung, Sven. Zur Wirksamkeit psychodynamischer Langzeittherapie bei komplexen psychischen Störungen. In: Nervenarzt 80(11), 2009, S. 1343–1349.

Levine, Peter; Kline, Maggie. Verwundete Kinderseelen heilen. Wie Kinder und Jugendliche traumatisierende Erfahrungen überwinden können. Kösel: München, 2005.

Lühr, Kristina; Zens, Christine; Müller-Engelmann, Meike. Therapie-Tools Posttraumatische Belastungsstörung. Beltz: Weinheim, 2021.

Möller, Henrike (03.05.2022). Transgenerationale Traumatisierung. Aus Wunden werden Narben. Link: www.deutschlandfunkkultur.de/trauma-traumata-transgenerational-generationen-100.html (abgerufen am 02.05.2024).

Montag, Christian; Buckholtz, Joshua; Hartmann, Peter; Merz, Michael; Burk, Christian; Hennig, Jürgen; Reuter, Martin. COMT genetic variation affects fear processing: Psychophysiological evidence. In: Behavioral Neuroscience, 122(4), 2008, S. 901–909.

Müller, Christoph. Pädagogisch arbeiten in traumatischen Prozessen. Geflüchtete Kinder und Jugendliche in der Schule. Springer: Heidelberg 2021.

Northoff, Georg. Neurobiologie und Psychoanalyse: Kompatibilität! In: Böker, Heinz (Hrsg.). Psychoanalyse und Psychiatrie. Springer: Heidelberg 2006, S. 279–291.

NurrieStearns, Mary; NurrieStearns, Rick. Yoga for Emotional Trauma: Meditations and Practices for Healing Pain and Suffering. New Harbinger Publications: Oakland, 2013.

Orth, Boris. Die Drogenaffinität Jugendlicher in der Bundesrepublik Deutschland 2015. Teilband Computerspiele und Internet. BZgA Forschungsbericht. Bundeszentrale für gesundheitliche Aufklärung: Köln, 2017.

Ponocny-Seliger, Elisabeth; Winkler, Robert. 12-Phasen-Burnout-Screening. In: ASU – Zeitschrift für medizinische Prävention, 12, 2014; S. 927–935.

Perizzolo, Virgine; Glaus, Jennifer; Stein, Cheryl; Willheim, Elisabeth u. a. Impact of mothers' IPV-PTSD on their capacity to predict their child's emotional comprehension and its relationship to their child's psychopathology. In: European Journal of Psychotraumatology, 13(1), 2022. doi: 10.1080/20008198.2021.2008152.

Prölß, Alexander. Aggressive Verhaltensweisen bei Kindern und Jugendlichen. Grundlagen, Diagnostik und gezielte Interventionen. Schulz-Kirchner: Idstein, 2020.

Prölß, Alexander. Bedürfnisorientierte Therapie in Theorie und Praxis. BoD: Norderstedt, 2021.

Prölß, Alexander. „Warum bin ich so, wie ich bin?" Eine Einführung in die Psychodynamik seelischer Erkrankungen. In: Freie Psychotherapie, 5, 2023, S. 6–11.

Prölß, Alexander; Prölß, Franziska. Verhaltensauffälligkeiten erkennen. Hilfe einleiten. Fallbeispiele und Notfallkarten für Lehrkräfte. Auer: Augsburg, 2023.

Reddemann, Luise. Psychodynamisch Imaginative Traumatherapie. PITT – Das Manual. Klett-Cotta: Stuttgart, 2004.

Reid Chassiakos, Yolanda; Radesky, Jenny; Christakis, Dimitri. Children and Adolescents and Digital Media. In: Pediatrics,138(5), 2016, doi: e20162593.

Schalinski, Inga; Schauer, Maggie. Risiken und protektive Faktoren für Traumafolgestörungen. In: Report Psychologie, 48(3), 2023, S. 2–6.

Scharf, Miri; Mayseless, Ofra. Disorganizing experiences in second- and third-generation Holocaust survivors. In: Qualitative Health Research, 21(11), 2011, S. 1539–1553.

Schüßler, Gerhard. Aktuelle Konzeption des Unbewussten - Empirische Ergebnisse der Neurobiologie, Kognitionswissenschaften, Sozialpsychologie und Emotionsforschung. In: Zeitschrift für Psychosomatische Medizin und Psychotherapie, 48(2), 2002, S. 192–214.

Sonneck, Gernot; Kapusta, Nestor; Tomandl, Gerald; Voracek, Martin. Krisenintervention und Suizidverhütung. UTB: Stuttgart, 2016.

Statistisches Bundesamt. Kindeswohlgefährdungen 2022 (02.08.2023). Neuer Höchststand mit 4 % mehr Fällen als 2021. Pressemitteilung Nr. 304. Link: https://www.destatis.de/DE/Presse/Pressemitteilungen/2023/08/PD23_304_225.html#:~:text=Auch%20langfristig%20hat%20sich%20die,um%209%20%25%20bis%2010%20%25. (abgerufen am 02.05.2024).

Streeck-Fischer, Annette. Borderline-Risiken – Persönlichkeitsentwicklungsstörung im Kindes- und Jugendalter. In: Hopf, Hans; Windaus, Eberhard (Hrsg.). Psychoanalytische und tiefenpsychologisch fundierte Kinder- und Jugendpsychotherapie. 4. Aufl. CIP-Medien: München, 2019, S. 483–504.

Terr, Luis. Childhood trauma: an outline and overview. In: American Journal of Psychiatry, 148(1), 1991, S. 10–20.

Tronick, Edward u. a. The structure of face-to-face interactions and its developmental functions. In: Sign Language Studies, 18, 1978, S. 1–16.

Van der Linden, Julia. Traumata bei Frauen durch sexuellen Missbrauch in der Kindheit – Ressourcenorientierte Beratung in der Sozialen Arbeit. In: Borg-Laufs, Michael; Dittrich, Katja (Hrsg.). Psychische Grundbedürfnisse in Kindheit und Jugend: Perspektiven für soziale Arbeit und Psychotherapie. dgvt: Tübingen. 2010, S. 197–243.

Verbinnen, Liam (25.04.2023). Ein Großteil unseres Verhaltens entsteht unbewusst. Link: https://www.spektrum.de/news/bewusstsein-ein-grossteil-unseres-verhaltens-entsteht-unbewusst/2132640 (abgerufen am 02.05.2024).

Vobbe, Frederic. Notwendige Differenzierungen im Umgang mit Bullying und sexualisierter Gewalt. In: Kindesmisshandlung und -vernachlässigung, (2)17, 2014, S.194–207.

Winkelmann, Klaus. Posttraumatische und akute Belastungsstörung bei Kindern und Jugendlichen. In: Hopf, Hans; Windaus, Eberhard (Hrsg.). Psychoanalytische und tiefenpsychologisch fundierte Kinder- und Jugendpsychotherapie. 4. Aufl. CIP-Medien: München, 2019, S. 443–459.

Winkelmann, Klaus; Hartmann, Mechthild; Neumann, Katja; Hennch, Christoph u. a. Stabilität des Therapieerfolgs nach analytischer Kinder- und Jugendlichen-Psychotherapie – eine Fünf-Jahres-Katamnese. In: zpid – Leibniz-Institut für Psychologie, 49, 2000, S. 315–328.

Wyl, Agnes von; Braune-Krickau, Katrin; Schneebeli, Larrisa; Pehlke-Milde, Jessica. Smartphones können die frühe Eltern-Kind-Interaktion stören. In: Pädiatrie, (3)21, 2021, S. 11–15.

ZBFS – Zentrum Bayern Familie und Soziales Bayerisches Landesjugendamt (23.11.2022). Fachliche Empfehlungen zur Umsetzung des Schutzauftrags nach § 8a SGB VIII. Link: https://www.blja.bayern.de/imperia/md/content/blvf/bayerlandesjugendamt/fachliche_empfehlung_ss8a_2022_nicht_barrierefrei.pdf (abgerufen am 02.05.2024).

Zimbardo, Philip; Gerrig, Richard. Psychologie. Pearson: München, 2004.

Zimmermann, David. Traumatisierte Kinder und Jugendliche im Unterricht. Ein Praxisleitfaden für Lehrerinnen und Lehrer. Beltz: Weinheim, 2017.